演習簿記会計入門

岸川　公紀　編著

五絃舎

はしがき

　現代の経済社会において、企業は、様々な経営活動を営んでいます。その経営活動を見てみると、一つには、もの（商品やサービス）の流れが、あります。そして、もう一つには、資金の流れがあることが、分かります。すなわち、資金の流れを知ることにより、企業がどのような経営活動をしているのか、を把握することができるのです。この資金の流れを、分類、記録、集計し、伝達する知識、技術が簿記会計なのです。これは、現在のようなグローバル化した社会であっても変わりはありません。つまり、みなさんの近くのお店（個人企業）であろうが、国際的に活動をしている企業だろうが、簿記会計の基礎的分野は変わらないのです。

　そして、この簿記会計で示された経営活動の内容は、資金調達のため、取引先等への信用のため、納税のため、と様々な理由で、一定のルールに従って、企業の内外に発信されます。そういう意味では、簿記会計はコミュニケーションの手段としても使用されており、経済社会における一種の言語だということもできます。このことは、簿記会計で使用する単語やルールを覚える必要があることを意味します。そして、これこそが、簿記が難しいといわれる理由の一つなのです。

　皆さんが、外国語の学習をしたことを思い出してください。きっと、何度となく読み、書き、聞くを繰り返すことにより学習していったことだと思います。簿記も同じことなのです。ぜひ、本書によって、練習を繰り返し、簿記を自分のものにしてください。

　本書の特徴は、
  (1) 先に刊行された、日野修造編著の『簿記会計入門』に準拠した構成となっている、
  (2) 基本的な問題で学習しつつ、検定試験のレベルまで学習できるように工夫している、というところにあります。

　簿記会計を学習することにより、企業活動の内容が分かることとなり、ひいては、経済社会の仕組みも理解できるようになることは、間違いありません。皆さんの健闘を祈ります。

　最後になりましたが、本書の刊行に際して、佐賀大学の木戸田力先生、中村学園大学の日野修造先生には、貴重なご助言・ご協力を賜り、深く感謝申し上げます。また、五絃舎の長谷雅春氏には、出版まで終始お世話になりました。紙面をお借りしまして、深く御礼申し上げます。

平成26年3月

岸川　公紀

目　　次

第1章　企業の簿記 ——————————————————————————— 1

第2章　資産・負債・資本（純資産）と貸借対照表 ——————————— 2

第3章　収益・費用と損益計算書 ———————————————————— 4

第4章　取引と勘定 ——————————————————————————— 7

第5章　仕訳と転記 ——————————————————————————— 8

第6章　仕訳帳と総勘定元帳 —————————————————————— 12

第7章　試算表 ————————————————————————————— 14

総合問題（1）————————————————————————————— 18

第8章　決算Ⅰ ————————————————————————————— 21

総合問題（2）————————————————————————————— 29

第9章　現金・預金の記帳 ——————————————————————— 33

第10章　商品売買の記帳 ———————————————————————— 37

第11章　掛け取引の記帳 ———————————————————————— 43

総合問題（3）————————————————————————————— 46

第12章　その他の債権・債務の記帳 —————————————————— 50

第13章　手形取引の記帳 ———————————————————————— 53

第14章　有価証券取引の記帳 ————————————————————— 60

第15章　固定資産の記帳 ———————————————————————— 62

第16章　営業費の記帳 ————————————————————————— 64

第17章　個人企業の資本の記帳 ———————————————————— 65

v

第18章　個人企業の税金の記帳	66
総合問題（4）	67
第19章　決算Ⅱ	71
第20章　決算Ⅲ	75
第21章　帳簿組織	84
第22章　伝　票	85
総合問題（5）	88

第1章　企業の簿記

1-1　次の文章の（　　）に入る適当な語句を下記の語群から選びなさい。ただし、同じ語を使用してもよい。

(1) 企業の経営活動を一定のルールにしたがって、（ア　　）・（イ　　）・整理して、企業が資金をどこから調達し、どのように（ウ　　）し、どのような成果をあげたかを（エ　　）額で示すのが簿記である。

(2) 簿記の目的は、一定時点における企業の（オ　　）と、一定期間の（カ　　）を明らかにし、財産管理を行うことである。そこで、企業は、一定時点の（オ　　）を明らかにする表である（キ　　）と一定期間の（カ　　）を示す表である（ク　　）を作成する。そして、それらの表は（ケ　　）と呼ばれている。

(3) 簿記は、適用する企業によって、主に商品売買業が適用する（コ　　）、製造業が適用する（サ　　）、金融機関が適用する（シ　　）などの種類がある。また、記録、計算の仕組みによって、単式簿記と（ス　　）に分けられる。

(4) 簿記が記録・計算・整理の対象とする範囲を（セ　　）という。

(5) 企業の経営活動は継続して営まれているが、簿記の目的を達成するために、その経営活動の区切った一定期間を（ソ　　）という。そして、その期間の初めを（タ　　）、終わりを（チ　　）という。なお、個人企業の会計期間は、通常（ツ　　）間である。

(6) 簿記には、（テ　　）、（ト　　）、（ナ　　）の三つの前提条件がある。

語群

1. 経営成績　　2. 工業簿記　　3. 会計単位　　4. 期　　首
5. 運　　用　　6. 記　　録　　7. 商業簿記　　8. 損益計算書
9. 複式簿記　　10. 1　　年　　11. 計　　算　　12. 貨　　幣
13. 銀行簿記　　14. 財務諸表　　15. 期　　末　　16. 財政状態
17. 貸借対照表　　18. 会計期間　　19. 貨幣額表示

解答欄

ア		イ		ウ		エ		オ	
カ		キ		ク		ケ		コ	
サ		シ		ス		セ		ソ	
タ		チ		ツ		テ		ト	
ナ									

※アとイは順不同、テ、トおよびナは、順不同

第2章 資産・負債・資本（純資産）と貸借対照表

2-1 次の各要素が増減した場合、企業会計ではどのような勘定科目名で表すのか答えなさい。
 (1) 現金を貸付けた時に生じる債権
 (2) 他に売り渡すことによって、利益を得る目的で購入する物品
 (3) 商品を売り渡し、代金をあとで受け取ることにしたときに生じる債権
 (4) 現金などを借り入れたときに生じる債務
 (5) 商品を購入し、代金をあとで支払うことにしたときに生じる債務
 (6) 営業に用いる机・椅子・陳列ケース・金庫などの物品

(1)		(2)		(3)	
(4)		(5)		(6)	

2-2 下記の各勘定（a/c）は、資産・負債・資本のいずれに属するか、記号で答えなさい。
 1. 現　金(a/c)　　2. 土　地(a/c)　　3. 商　品(a/c)　　4. 売掛金(a/c)
 5. 借入金(a/c)　　6. 貸付金(a/c)　　7. 資本金(a/c)　　8. 買掛金(a/c)
 9. 建　物(a/c)　　10. 備　品(a/c)

資　産……… ☐ ☐ ☐ ☐ ☐ ☐ ☐

負　債……… ☐ ☐

資　本……… ☐

2-3 福岡商店の平成○年1月1日における資産・負債は次の通りである。
 現　　金 ¥70,000　　売　掛　金 ¥110,000　　商　　　品 ¥250,000
 備　　品 ¥80,000　　買　掛　金 ¥60,000　　借　入　金 ¥150,000

 (1) 次の金額を計算しなさい。
　　資産総額　　　（¥　　　　　　　）　　負債総額　　　（¥　　　　　　　）
　　純資産（資本）の額（¥　　　　　　　）

 (2) 上記の資料から福岡商店の同日の貸借対照表を作成しなさい。

貸　借　対　照　表

（　　　）商店　　　　　平成○年（　　）月（　　）日

資　　産	金　　額	負債および純資産（資本）	金　　額

2-4 次の等式を完成しなさい。また、等式の名称を書きなさい。
(a) (ア) ＝ 負債 ＋ 資本（純資産） ……… (イ) 等式という。
(b) 資産 － 負債 ＝ (ウ) ……… (エ) 等式という。

ア		イ		ウ		エ	

2-5 平成○年1月1日に、現金¥300,000と建物¥700,000を元入れして開業した佐賀商店の同年12月31日における資産・負債は、次の通りである。

現　　　金 ¥600,000　　商　　　品 ¥400,000　　建　　　物 ¥800,000
買　掛　金 ¥360,000　　借　入　金 ¥500,000　　備　　　品 ¥200,000

(1) 期首（1月1日）の貸借対照表を作成しなさい。

貸 借 対 照 表
(　　)商店　　　　平成○年(　)月(　)日

資　　産	金　　額	負債および純資産（資本）	金　　額

(2) 期末（12月31日）の貸借対照表を作成しなさい。なお期首の資本金と当期純利益は個別に表示すること。

貸 借 対 照 表
(　　)商店　　　　平成○年(　)月(　)日

資　　産	金　　額	負債および純資産（資本）	金　　額

2-6 次の空欄に、当てはまる適切な金額を記入しなさい。

	期首資産	期首負債	期首資本	期末資産	期末負債	期末資本	当期純利益
(1)	600,000	250,000		800,000	300,000		
(2)		260,000		700,000	260,000		120,000
(3)	987,000		500,000		326,000		212,000

第3章　収益・費用と損益計算書

3−1　下記の各勘定（a/c）は、収益・費用のいずれに属するか、記号で答えなさい。
1. 雑　　　　費(a/c)　　2. 商品売上益(a/c)　　3. 支 払 利 息(a/c)
4. 受取手数料(a/c)　　5. 支 払 家 賃(a/c)　　6. 給　　　　料(a/c)
7. 受 取 利 息(a/c)　　8. 受 取 家 賃(a/c)

収　益 ……… ☐ ☐ ☐ ☐

費　用 ……… ☐ ☐ ☐ ☐

3−2　次の等式を完成しなさい。また、等式の名称を答えなさい。
(a) 収益 − （ア） ＝ 純利益（マイナスは純損失）
(b) 費用 ＋ （イ） ＝ 収益 ……… （ウ）等式という。

ア	イ	ウ

3−3　大分商店の平成○年1月1日から同年12月31日までに発生した収益および費用は次の通りである。(1)この期間の収益総額・費用総額および当期純利益の額を計算しなさい。(2)大分商店の損益計算書を作成しなさい。

　　商品売買益　¥ 150,000　　受取手数料　¥ 6,000　　受取利息　¥ 5,000
　　給　　　料　¥ 41,000　　支払家賃　¥ 20,000　　広告料　¥ 35,000
　　水道光熱費　¥ 12,000　　交通費　¥ 5,000　　消耗品費　¥ 16,000

(1) 収益総額　（¥　　　　　）　　　費用総額　（¥　　　　　）
　　当期純利益（¥　　　　　）

(2)

損 益 計 算 書

（　）商店　　平成○年（　）月（　）日から平成○年（　）月（　）日まで

費　用	金　額	収　益	金　額

3-4 次の空欄に適当な金額を記入しなさい。ただし、記入の必要がない個所には斜線を引くこと。

	収 益	費 用	純 利 益	純 損 失
(1)	785,000	655,000		
(2)	1,456,000		323,000	
(3)		2,456,000		128,000

3-5 平成○年1月1日に、現金￥1,000,000を出資して開業した宮崎商会の、平成○年12月31日における資産・負債およびこの期間の収益・費用は次の通りである。
(1) 損益計算書を作成しなさい。
(2) 期末の貸借対照表を作成しなさい。

現　　　　金	￥800,000	売　掛　金	￥700,000	商　　　　品	￥450,000
備　　　　品	￥320,000	買　掛　金	￥500,000	借　入　金	￥600,000
商品売買益	￥515,000	受取手数料	￥15,000	給　　　料	￥270,000
水道光熱費	￥16,000	通　信　費	￥14,000	支払家賃	￥60,000

損 益 計 算 書

（　）商店　平成○年（　）月（　）日から平成○年（　）月（　）日まで

費　用	金　額	収　益	金　額

貸 借 対 照 表

（　）商店　　　　平成○年（　）月（　）日

資　産	金　額	負債および純資産（資本）	金　額

3-6 平成〇年1月1日に、現金¥1,000,000を出資して開業した別府商会の、平成〇12月31日における資産・負債およびこの期間の収益・費用は次の通りである。
(1) 損益計算書を作成しなさい。
(2) 期末の貸借対照表を作成しなさい。

現 金	¥ 800,000	売 掛 金	¥ 550,000	商 品	¥ 400,000
備 品	¥ 350,000	買 掛 金	¥ 380,000	借 入 金	¥ 450,000
商品売買益	¥ 665,000	受取手数料	¥ 13,000	給 料	¥ 300,000
水道光熱費	¥ 19,000	通 信 費	¥ 17,000	支払家賃	¥ 72,000

損 益 計 算 書

（　　）商店　平成〇年（　）月（　）日から平成〇年（　）月（　）日まで

費　用	金　額	収　益	金　額

貸 借 対 照 表

（　　）商店　　　　平成〇年（　）月（　）日

資　産	金　額	負債および純資産（資本）	金　額

第4章　取引と勘定

4－1　次の文のうち、簿記上の取引（すなわち、会計測定の対象）となるものには○印を、そうでないものには×印を（　　　）に記入しなさい。

(1) 現金¥500,000を出資して営業を開始した。　　　………（　　　）
(2) 現金¥120,000を貸し付ける契約をした。　　　………（　　　）
(3) 建物¥680,000が火災によって焼失した。　　　………（　　　）
(4) 商品¥30,000を現金で仕入れた。　　　………（　　　）
(5) 店員を1ヶ月¥90,000で雇い入れる約束をした。　　　………（　　　）
(6) 机、椅子を購入し、代金は月末に払うことにした。　　　………（　　　）

4－2　次の各勘定では、増加（または発生）、減少（または消滅）をどちら側に記入するのか（　　　）にあてはまる適当な語句を記入しなさい。

	資 産 勘 定			負 債 勘 定			資 本 勘 定	
(　　)	(　　)		(　　)	(　　)		(　　)	(　　)

	費 用 勘 定			収 益 勘 定	
(　　)	(　　)		(　　)	(　　)

4－3　次の取引について、それはどのような取引要素の結合関係から成り立っているのかを、勘定の名称（勘定科目）とともに、例に習って答えなさい。

（例）現金¥700,000を元入れして、営業を開始した。
(1) 備品¥350,000を購入し、代金を現金で支払った。
(2) 商品¥50,000を仕入れ、代金は掛けとした。
(3) 銀行より現金¥300,000を借り入れた。
(4) ¥50,000（原価）で仕入れた商品を¥63,000で売却し、代金は掛けとした。
(5) 広告料¥14,000を現金で支払った。

例	借方要素		貸方要素	
例	資産の増加	現金	資本の増加	資本金
(1)				
(2)				
(3)				
(4)				
(5)				

第5章　仕訳と転記

5－1　新八代商店は、¥50,000（原価）で仕入れた商品を¥63,000で売却し、代金は掛けとした。

(1) ①勘定科目名、②①が属する項目（資産・負債・資本・収益・費用）、③変化（増加・減少・発生・消滅）、④記入側（借方・貸方）、⑤金額を答えなさい。

①勘定科目名	②項目	③変化	④記入側	⑤金額

(2) ④記入側に従い、勘定科目名と金額のみを記入しなさい。

借方		貸方	
①勘定科目名	⑤金額	①勘定科目名	⑤金額

5－2　次の取引の仕訳を示しなさい。

4/1　現金¥100,000を元入れして営業を開始した。
　3　備品¥40,000を現金で購入した。
　6　銀行から現金¥300,000を借り入れた。
　10　商品¥50,000を現金で仕入れた。
　15　原価¥30,000の商品を、¥37,000で売り上げ、代金は現金で受け取った。
　18　交通費¥3,000を現金で支払った。
　24　借入金の利息¥500を現金で支払った。
　25　給料¥5,000を現金で支払った。

	借方科目	金額	貸方科目	金額
6/1				
3				
6				
10				
15				
18				
24				
25				

5-3 次の取引の仕訳を示し、勘定口座（略式）に転記しなさい。ただし、勘定口座には、日付、相手科目、および金額を記入すること。

4月1日　現金¥700,000を元入れして、商店を開業した。

借方科目	金　額	貸方科目	金　額
現金	700,000	資本金	700,000

　　　　現　　金　　　　　　　　　　　　　　　資　本　金
4/1 資本金 700,000　　　　　　　　　　　　　　　　　　　4/1 現金 700,000

4月5日　商品陳列棚を現金¥100,000で購入した。

借方科目	金　額	貸方科目	金　額
備品	100,000	現金	100,000

　　　　現　　金　　　　　　　　　　　　　　　備　　品
　　　　　　　　　　4/5 備品 100,000　　　　　4/5 現金 100,000

4月7日　商品¥170,000を掛けで購入した。

借方科目	金　額	貸方科目	金　額
商品	170,000	買掛金	170,000

　　　　商　　品　　　　　　　　　　　　　　　買　掛　金
4/7 買掛金 170,000　　　　　　　　　　　　　　　　　　　4/7 商品 170,000

4月9日　原価¥70,000の商品を¥85,000で売り渡し、代金は掛けとした。

借方科目	金　額	貸方科目	金　額
売掛金	85,000	商品	70,000
		商品売却益	15,000

　　　　売　掛　金　　　　　　　　　　　　　　商　　品
4/9 諸口 85,000　　　　　　　　　　　　　　　　　　　　4/9 売掛金 70,000

　　　　　　　　　　　　　　　　　　　　　　　商品売却益
　　　　　　　　　　　　　　　　　　　　　　　　　　　　4/9 売掛金 15,000

5－4　次の取引の仕訳を示し、総勘定元帳に転記しなさい。ただし、各勘定を締め切る必要はない。

6/1　現金¥100,000を元入れして営業を開始した。
3　商品¥50,000を仕入れ、代金のうち¥30,000は現金で支払い、残額は掛とした。
7　原価¥40,000の商品を¥50,000で売り上げ、代金のうち¥20,000は現金で受け取り、残額は掛とした。
9　仕入先へ買掛金¥20,000を現金で支払った。
14　得意先より売掛代金¥15,000を現金で受け取った。
18　備品¥50,000を現金で購入した。
25　従業員へ給料¥10,000を現金で支払った。

	借方科目	金　額	貸方科目	金　額
6/1				
3				
7				
9				
14				
18				
25				

総勘定元帳（元帳）

現　　金　　1　　　　売　掛　金　　2

商　　品　　3

備　　品　　4

買　掛　金　　5　　　　資　本　金　　6

商品売買益　　7　　　　給　　料　　8

5－5　次の取引の仕訳を示しなさい。

4/1　現金¥300,000と建物¥700,000を元入れして営業を開始した。
　4　銀行から現金¥200,000を借り入れた。
　6　商品¥60,000を仕入れ、代金のうち¥20,000を現金で支払い、残額を掛けとした。
　9　消耗品¥1,000を現金で支払った。ただし、消耗品は購入したとき、費用として処理している。
　14　原価¥40,000の商品¥50,000で売り上げ、代金のうち¥30,000は現金で受け取り、残額は掛けとした。
　16　地代¥3,000を現金で支払った。
　19　手数料¥5,000を現金で受け取った。
　21　売掛金のうち¥10,000を現金で回収した。
　24　借入金¥20,000を利息¥800とともに現金で返済した。
　26　買掛金¥30,000を現金で支払った。
　30　給料¥10,500を現金で支払った。

	借方科目	金　額	貸方科目	金　額
4/1				
4				
6				
9				
14				
16				
19				
21				
24				
26				
30				

第6章　仕訳帳と総勘定元帳

6－1　次の取引を仕訳帳に仕訳をし、総勘定元帳（標準式）に記入しなさい。ただし、小書きも記入すること。

7/4　福西銀行より現金¥100,000を借り入れた。
　9　福岡商店より商品¥50,000を現金で仕入れた。
　14　原価¥40,000の商品を佐賀商店に¥60,000で売り上げ、代金は現金で受け取った。

仕　訳　帳　　　1

平成○年	摘　　要	元丁	借　方	貸　方

総 勘 定 元 帳

現　金　　　1

平成○年	摘要	仕丁	借　方	平成○年	摘要	仕丁	貸　方

商　品　　　4

借　入　金　　　8

商品売買益　　　11

6－2　6－1の総勘定元帳を残高式で作成しなさい。

総勘定元帳

現　金　　　1

平成○年	摘　要	仕丁	借　方	貸　方	借／貸	残　高

商　品　　　4

借　入　金　　　8

商　品　売　買　益　　　11

6－3　次の取引を仕訳帳に記入し、ページ替えの記入を示しなさい。なお、元帳欄の記入及び小書きは省略する。

　6月1日　現金¥500,000を出資して開業した。

　　15日　上野商品へ買掛金の一部¥150,000を現金で支払った。なお、1ページの借方、貸方の合計は、¥850,000であった。

　　24日　岩手銀行に借入金¥120,000を利息¥7,200とともに現金で支払った。

仕　訳　帳　　　1

平成○年	摘　　要	元丁	借　方	貸　方
6　1				
6　15				

仕　訳　帳　　　2

平成○年	摘　　要	元丁	借　方	貸　方

第7章　試算表

7－1　下記に示した福岡商店の平成○年12月31日における勘定口座の記入から、合計試算表を作成しなさい。

現　　金　1		売　掛　金　2		商　　品　3	
70,000	20,000	10,000	8,000	58,000	36,000
40,000	38,000	10,000		21,000	8,000
21,000	1,800				
3,000	11,000				
8,000	6,120				
	4,000				
	12,000				

備　　品　5		買　掛　金　6		借　入　金　7	
20,000		12,000	20,000	6,000	21,000
			10,000		

資　本　金　8		商品売買益　11		受取手数料　12	
	70,000		14,000		3,000
			2,000		

給　　料　15		消耗品費　16		支払利息　19	
4,000		1,800		120	

合　計　試　算　表
平成○年12月31日

借　方	元丁	勘　定　科　目	貸　方

7－2　7－1に示した福岡商店の平成○年12月31日における勘定口座の記入から、残高試算表を作成しなさい。

残　高　試　算　表
平成○年12月31日

借　　方	元丁	勘　定　科　目	貸　　方
	1	現　　　　　金	
	2	売　　掛　　金	
	3	商　　　　　品	
	5	備　　　　　品	
	6	買　　掛　　金	
	7	借　　入　　金	
	8	資　　本　　金	
	11	商　品　売　買　益	
	12	受　取　手　数　料	
	15	給　　　　　料	
	16	消　耗　品　費	
	19	支　払　利　息	

7－3　福岡商店の次の取引の仕訳を元帳に記入し、4月30日における合計残高試算表を作成しなさい。元帳への転記は日付・相手勘定科目・金額を記入すること。

	借方科目	金　額	貸方科目	金　額
4/1	現　　　　　金	200,000	資　　本　　金	200,000
3	商　　　　　品	80,000	現　　　　　金	80,000
7	現　　　　　金	62,000	商　　　　　品 商　品　売　買　益	47,000 15,000
10	商　　　　　品	45,000	現　　　　　金 買　　掛　　金	20,000 25,000
14	現　　　　　金 売　　掛　　金	30,000 25,000	商　　　　　品 商　品　売　買　益	40,000 15,000
16	買　　掛　　金	15,000	現　　　　　金	15,000
20	現　　　　　金	14,000	売　　掛　　金	14,000
25	給　　　　　料 支　払　家　賃 雑　　　　　費	15,000 5,000 2,000	現　　　　　金	22,000

総勘定元帳

現　　金	1	売　掛　金	2

		商　　品	3

買　掛　金	5	資　本　金	6

商品売買益	10	給　　料	13

支払家賃	14	雑　　費	15

合　計　試　算　表
平成○年（　　）月（　　）日

借　　方		元丁	勘定科目	貸　　方	
残高	合計			合計	残高

7-4 次の仕訳帳の締め切りを行い、総勘定元帳から合計試算表を作成しなさい。ただし、仕訳帳の6月30日分は、すでに転記済みである。

仕 訳 帳 13

平成○年		摘　　　要	元丁	借　方	貸　方
		前ページから		3,388,000	3,388,000
6	30	（給　　料）	9	1,000	
		（現　　金）	1		1,000
		6月分支払い			

総 勘 定 元 帳

現　金	1
1,259,000	735,000

売 掛 金	2
730,000	540,000

商　品	3
632,000	576,000

備　品	4
120,000	

買 掛 金	5
380,000	420,000

借 入 金	6
80,000	130,000

資 本 金	7
	700,000

商品売買益	8
	288,000

給　料	9
172,000	

水道光熱費	10
16,000	

合 計 試 算 表
平成○年6月30日

借　方	元丁	勘定科目	貸　方
	1	現　　　　金	
	2	売　掛　金	
	3	商　　　　品	
	4	備　　　　品	
	5	買　掛　金	
	6	借　入　金	
	7	資　本　金	
	8	商 品 売 買 益	
	9	給　　　　料	
	10	（　　　　　）	

総合問題（１）

総１－１ 次の取引を仕訳帳に記入し、各勘定に転記し、４月30日における合計残高試算表を作成しなさい。ただし、仕訳帳及び総勘定元帳は締め切る必要はない。

４月１日　現金￥1,000,000を元入れして営業を開始した。

　〃日　机・いすなどの備品￥180,000を買い入れ、代金は現金で支払った。

　５日　久留米商店から商品￥320,000を仕入れ、代金は現金で支払った。

　８日　博多商店に商品（原価￥250,000）を￥380,000で売り渡し、代金は現金で受け取った。

　９日　新鳥栖商店から商品￥580,000を仕入れ、代金のうち￥80,000は現金で支払い、残額は掛けとした。

　11日　新鳥栖商店から仕入れた商品のうち￥40,000を返品し、代金は買掛金から差し引くことにした。

　15日　小倉商店に、商品（原価￥570,000）を￥798,000で売り渡し、代金のうち￥238,000は現金で受け取り、残額は掛けとした。

　25日　４月分の給料￥70,000と、家賃￥35,000を現金で支払った。（別々に仕訳をすること。）

　29日　小倉商店の売掛金のうち￥360,000を現金で受け取った。

　30日　新鳥栖商店の買掛金のうち￥400,000を現金で支払った。

仕　訳　帳　　　　　　　　1

平成○年	摘　　要	元丁	借　方	貸　方

仕　訳　帳

平成○年	摘　　要	元丁	借　方	貸　方

総勘定元帳
現　金

平成○年	摘要	仕丁	借　方	平成○年	摘要	仕丁	貸　方

			売　掛　金			2

			商　　品			3

			備　　品			4

			買　掛　金			5

			資　本　金			7

			商品売買益			8

			給　　料			9

			支払家賃			10

合 計 試 算 表
平成○年4月30日

借　方		元丁	勘定科目	貸　方	
残高	合計			合計	残高
		1	現　　　　金		
		2	売　　掛　　金		
		3	商　　　　品		
		4	備　　　　品		
		5	買　　掛　　金		
		7	資　　本　　金		
		8	商　品　売　買　益		
		9	給　　　　料		
		10	支　払　家　賃		

第8章 決算 I

8－1 次の精算表を完成させなさい。

精算表

勘定科目	試算表 借方	試算表 貸方	損益計算書 借方	損益計算書 貸方	貸借対照表 借方	貸借対照表 貸方
現　　　　金	310,000					
売　掛　金	240,000					
商　　　　品	150,000					
備　　　　品	80,000					
買　掛　金		260,000				
資　本　金		500,000				
商品売買益		100,000				
給　　　　料	50,000					
支　払　家　賃	26,000					
消　耗　品　費	4,000					
当期純（　）						
	860,000	860,000				

8－2 次の総勘定元帳勘定残高から精算表を作成しなさい。

現　　　　金	¥ 348,000	売　掛　金	¥ 454,000	商　　　　品	¥ 74,000
備　　　　品	180,000	買　掛　金	254,000	借　入　金	200,000
資　本　金	500,000	商品売買益	432,000	給　　　　料	174,000
広　告　料	138,000	雑　　　　費	12,000	支　払　利　息	6,000

精算表

勘定科目	残高試算表 借方	残高試算表 貸方	損益計算書 借方	損益計算書 貸方	貸借対照表 借方	貸借対照表 貸方
現　　　　金						
売　掛　金						
商　　　　品						
備　　　　品						
買　掛　金						
借　入　金						
資　本　金						
商品売買益						
給　　　　料						
広　告　料						
雑　　　　費						
支　払　利　息						
当期純（　）						

8－3 次の収益の各勘定について、残額を損益勘定に振り替える仕訳を示し、転記して締め切りなさい。ただし、損益勘定は締め切る必要はない。

	借　　　方	貸　　　方
3/31		

```
       商品売買益                           受取手数料
           3/5 諸   口 30,000        3/15 現   金 15,000
            11 売 掛 金 45,000
            23 諸   口 22,000               損    益
```

8－4 次の費用の各勘定について、残額を損益勘定に振り替える仕訳を示し、転記して締め切りなさい。ただし、損益勘定は締め切る必要はない。

	借　　　方	貸　　　方
3/31		

```
         給    料                           損    益
   3/5 現   金 60,000

         支 払 家 賃
   3/15 現   金 15,000
```

8－5 次の損益勘定で計算された当期純利益を資本金勘定に振り替える仕訳を示し、転記しなさい。

	借　　　方	貸　　　方
3/31		

```
              損                益                         資 本 金
   3/31 給    料 60,000 | 3/31 商品売買益 97,000          3/1 前期繰越 300,000
    〃  支払家賃 15,000 |  〃  受取手数料 15,000
```

8－6　本日決算により、次の収益と費用に関する勘定から、損益勘定へ振り替える仕訳を行い転記し、締め切りなさい。なお、会計期間は1年とし、決算日は12月31日とする。

	借　　　方	貸　　　方
12/31		

```
       商品売買益                           受取手数料
                    90,000                              10,000

         給　　料                            消耗品費
      60,000                              5,000

        支払利息                            損　　益
      20,000

         資　本　金
                 1,000,000
```

8－7　次の資産・負債・資本の各勘定を締め切りなさい。ただし、決算日は3月31日である。

```
         現　　　金                          資　本　金
     780,000        180,000                      3/1 前期繰越 500,000
                                                 3/31 損　益  37,000


         買　掛　金
     130,000        320,000
```

8-8 新下関商店の平成○年12月31日における総勘定元帳の記録は、次のとおりである。
(1) 決算振替仕訳を示しなさい。
(2) 資本金勘定・損益勘定に記入し、締め切りなさい（日付，相手科目，金額を記入すること。）
(3) 繰越試算表を作成しなさい。

現　　金 1	売　掛　金 2	商　　品 3
260,000	170,000	120,000

備　　品 4	買　掛　金 5	商品売買益 7
100,000	68,000	185,000

給　　料 8	雑　　費 9
95,000	8,000

(1)

	借　方	貸　方
12/31		
〃		
〃		

(2)

損　益

資　本　金
1/1　前期繰越　500,000

繰越試算表
平成○年12月31日

借　方	元丁	勘定科目	貸　方
	1	現　　金	
	2	売　掛　金	
	3	商　　品	
	4	備　　品	
	5	買　掛　金	
	6	資　本　金	

8-9 次の総勘定元帳の収益及び費用の勘定記録にもとづいて、仕訳帳に決算に必要な仕訳を示し、総勘定元帳の各勘定口座に転記して締め切りなさい（決算日　12月31日）。なお、開始記入も行うこと。

仕訳帳　5

平成○年	摘　要	元丁	借　方	貸　方
	（決算仕訳）			

資本金　7

平成○年	摘　要	仕丁	借　方	平成○年	摘　要	仕丁	貸　方
				1	1	現　金	1	500,000

商品売買益　8

					12	5	売　掛　金	1	200,000
						19	現　金	2	80,000

受取手数料　9

					12	23	現　金	2	60,000

給　料　10

12	26	現　金	3	100,000					

広告料　11

12	10	現　金	1	40,000					

雑　費　12

12	16	現　金	2	70,000					

損　益　13

8－10 岩国商店の次の損益勘定及び繰越試算表によって、貸借対照表と損益計算書を完成しなさい。ただし、会計期間は平成○年1月1日から平成○年12月31日までとする。

	損	益	10
12/31 給　料	160,000	12/31 商品売買益	238,000
〃 支払家賃	35,000	〃 受取手数料	25,000
〃 雑　費	8,000		
〃 支払利息	12,000		
〃 資本金	48,000		
	263,000		263,000

繰越試算表
平成○年12月31日

借　方	元丁	勘定科目	貸　方
287,000	1	現　　　金	
480,000	2	売　掛　金	
78,000	3	商　　　品	
150,000	4	備　　　品	
	5	買　掛　金	347,000
	6	借　入　金	100,000
	7	資　本　金	548,000
995,000			995,000

貸借対照表
岩国商店　　　　平成○年12月31日

資　産	金　額	負債および純資産	金　額

損益計算書
岩国商店　　　　平成○年1月1日から平成○年12月31日

費　用	金　額	収　益	金　額

8-11 平成○年1月1日に現金¥1,000,000を元入れして開業した徳山商店の期末の総勘定残高は、次のとおりであった。

(1) 貸借対照表を作成しなさい。
(2) 損益計算書を作成しなさい。

元帳勘定残高

現　　　金	¥296,000	売　掛　金	¥465,000	商　　　品	¥364,000
建　　　物	500,000	備　　　品	80,000	買　掛　金	326,000
借　入　金	100,000	商品売買益	587,000	受取手数料	30,000
給　　　料	324,000	雑　　　費	8,000	支　払　利　息	6,000

(1)

貸 借 対 照 表

徳山商店　　　　　　　　平成○年12月31日

資　　産	金　　額	負債および純資産	金　　額
現　　　金	296,000	買　掛　金	326,000
売　掛　金	465,000	借　入　金	100,000
商　　　品	364,000	資　本　金	1,000,000
建　　　物	500,000	当期純利益	279,000
備　　　品	80,000		
	1,705,000		1,705,000

(2)

損 益 計 算 書

徳山商店　　　　　　　　平成○年1月1日から平成○年12月31日

費　　用	金　　額	収　　益	金　　額
給　　　料	324,000	商品売買益	587,000
雑　　　費	8,000	受取手数料	30,000
支払利息	6,000		
当期純利益	279,000		
	617,000		617,000

8-12 福岡商店の平成○年3月31日における元帳勘定残高は下記のとおりであった。ただし資本金勘定は各自で計算すること。
(1) 精算表を完成しなさい。
(2) 福岡商店の決算日を平成○年3月31日と仮定して、売掛金勘定と支払家賃勘定の（　）のなかに、決算についての必要な記入を行い、完成しなさい。なおこの2つの勘定記録は、合計金額で示してある。

元帳勘定残高

現　　　金	¥ 58,000	売　掛　金	¥ 350,000	商　　　品	¥ 190,000
備　　　品	¥ 200,000	買　掛　金	¥ 283,000	借　入　金	¥ 200,000
商品売買益	¥ 300,000	給　　　料	¥ 200,000	支払家賃	¥ 24,000
通　信　費	¥ 26,000	雑　　　費	¥ 5,000		

(1)

精　算　表

勘定科目	残高試算表 借方	残高試算表 貸方	損益計算書 借方	損益計算書 貸方	貸借対照表 借方	貸借対照表 貸方
現　　　金						
売　掛　金						
商　　　品						
備　　　品						
買　掛　金						
借　入　金						
資　本　金						
商品売買益						
給　　　料						
支払家賃						
通　信　費						
雑　　　費						
当期純（　）						

(2)

売　掛　金

	540,000		5,050,000
		3/31 （　　　）	（　　　）
	（　　　）		（　　　）
4/1 （　　　）	（　　　）		

支払家賃

| | 240,000 | 3/31 （　　　） | （　　　） |

総合問題（２）

総２－１ 鳥栖商店の平成○年の取引は、下記のとおりである。
(1) １月中の取引の仕訳を示し、各勘定口座（略式）に転記しなさい。ただし、勘定口座には、日付、相手科目及び金額を記入すること。
(2) 次の手続きにしたがって、１月末の決算を行いなさい。
　ア．合計残高試算表を作成しなさい。
　イ．精算表を作成しなさい。
　ウ．決算に必要な仕訳を示し、各勘定口座に転記のうえ、締め切りなさい。
　エ．繰越試算表を作成しなさい。
　オ．損益計算書と貸借対照表を作成しなさい。

取　　引

１月１日　現金¥1,000,000を出資して、事業を開始した。
　　３日　備品¥170,000を買い入れ、代金は現金で支払った。
　　５日　商品¥428,000を仕入れ、代金¥100,000は現金で支払い、残額は掛けとした。
　　８日　商品¥378,000（原価¥270,000）を売り渡し、代金は現金で受け取った。
　　10日　買掛金¥180,000を現金で支払った。
　　12日　商品¥530,000を仕入れ、代金は掛けとした。
　　15日　商品¥517,000（原価¥345,000）を売り渡し、代金¥200,000は現金で受け取り、残額は掛けとした。
　　17日　銀行から¥100,000を借り入れ、現金で受け取った。
　　20日　商品¥327,000（原価¥234,000）を売り渡し、代金は掛けとした。
　　25日　本月分の給料¥1,250,000と家賃¥45,000を現金で支払った。
　　26日　買掛金¥400,000を現金で支払った。
　　28日　売掛金¥300,000を現金で受け取った。
　　30日　借入金の利息¥4,600を現金で支払った。
　　31日　本日決算を行う。

	借　　方	貸　　方
1/1		
3		
5		
8		
10		

	借　　　方	貸　　　方
12		
15		
17		
20		
25		
26		
28		
30		

（ 決 算 仕 訳 ）

	借　　　方	貸　　　方
1/31		
〃		
〃		

総 勘 定 元 帳

現　金　　1

売　掛　金　　2

商　品　　3

備　品　　4

買　掛　金　　5

借　入　金　　6

	資 本 金	7		商品売買益	8

| | 給   料 | 9 | | 損   益 | 12 |

| | 支 払 家 賃 | 10 |

| | 支 払 利 息 | 11 |

合 計 残 高 試 算 表
平成○年1月31日

借 方		元丁	勘 定 科 目	貸 方	
残 高	合 計			合 計	残 高
		1	現　　　金		
		2	売 掛 金		
		3	商　　　品		
		4	備　　　品		
		5	買 掛 金		
		6	借 入 金		
		7	資 本 金		
		8	商品売買益		
		9	給　　料		
		10	支 払 家 賃		
		11	支 払 利 息		

繰 越 試 算 表
平成○年1月31日

借 方	元丁	勘 定 科 目	貸 方
	1	現　　　金	
	2	売 掛 金	
	3	商　　　品	
	4	備　　　品	
	5	買 掛 金	
	6	借 入 金	
	7	資 本 金	

精算表
平成○年1月31日

勘定科目	残高試算表 借方	残高試算表 貸方	損益計算書 借方	損益計算書 貸方	貸借対照表 借方	貸借対照表 貸方
現　　　　金						
売　掛　金						
商　　　　品						
備　　　　品						
買　掛　金						
借　入　金						
資　本　金						
商品売買益						
給　　　料						
支払家賃						
支払利息						
当期純（　　）						

貸借対照表
鳥栖商店　　　平成○年1月31日

資　産	金　額	負債および純資産	金　額

損益計算書
鳥栖商店　　　平成○年1月1日から平成○年1月31日

費　用	金　額	収　益	金　額

第9章　現金・預金の記帳

9－1　次の取引の仕訳を示しなさい。
(1) 広島商店に商品￥234,000（原価￥180,000）を売り渡し、代金のうち、￥100,000は現金で受け取り、残額は郵便為替証書で受け取った。
(2) 得意先東京商店に対する売掛金￥120,000を送金小切手で受け取った。

	借　　方	貸　　方
(1)		
(2)		

9－2　次の取引を現金出納帳に記入し、締め切りなさい。
7月5日　尾道商店から商品￥50,000を仕入れ、代金は、現金で支払った。
　15日　福山事務機より備品￥120,000を現金で買い入れた。
　20日　倉敷商店に対する売掛代金￥90,000を現金で受け取った。
　30日　給料7月分￥50,000を現金で支払った。

現　金　出　納　帳

平成○年		摘　　　要	収　入	支　出	残　高
7	1	前月繰越	300,000		300,000

9－3　次の取引の仕訳を示しなさい。
(1) 現金の実際有高は￥40,000であり、現金勘定（帳簿）残高は￥45,000であった。
(2) 上記不足の原因は、￥4,000が買掛金支払の記入もれ、残額は不明である。なお、本日は決算日である。

	借　　方	貸　　方
(1)		
(2)		

9－4 次の取引の仕訳を示しなさい。
(1) 現金の実際有高は¥37,000であり、現金勘定（帳簿）残高は¥30,000であった。
(2) 上記不足の原因は、¥1,800が売掛金回収の記入もれ、残額は不明である。なお、本日は決算日である。

	借 方	貸 方
(1)		
(2)		

9－5 次の取引の仕訳を示しなさい。
(1) 岡山商店へ商品（原価¥90,000）を¥115,000で売り渡し、代金は同店振り出しの小切手で受け取り、ただちに当座預金とした。
(2) 相生商店から商品¥160,000を仕入れ、代金は当店振り出しの小切手で支払った。
(3) 明石商店から売掛金¥80,000が当店の当座預金口座に振り込まれた。
(4) 古川商店に対する買掛金¥100,000の支払として、昨日得意先宝塚商店から受け取った同店振り出しの小切手¥40,000と当店振り出しの小切手¥60,000を渡して支払った。
(5) 兵庫銀行に預けていた定期預金¥100,000が満期となり、利息¥3,000とともに、普通預金に預け入れた。

	借 方	貸 方
(1)		
(2)		
(3)		
(4)		
(5)		

9－6 次の一連の取引を、当座借越勘定を用いて仕訳しなさい。なお、限度額¥500,000の当座借越契約を結んでおり、現在、当座預金残高は¥60,000である。また、当座預金勘定と当座借越勘定にも記入すること。記入する際には、番号、相手科目と金額を記入すること。
(1) 商品¥80,000を仕入れ、代金は小切手を振り出して支払った。
(2) 売掛金のある得意先から、売掛代金として当座預金に¥45,000の振り込みがあった。
(3) 商品¥150,000を仕入れ、代金は小切手を振り出して支払った。
(4) 売掛代金¥15,000を小切手にて受け取り、当座預金に預け入れた。
(5) 送金小切手¥125,000を当座預金に預け入れた。

	借　　　方	貸　　　方
(1)		
(2)		
(3)		
(4)		
(5)		

```
      当 座 預 金                    当 座 借 越
      60,000
```

9－7 次の取引を当座勘定を用いて仕訳し、当座預金出納帳を作成してこれを締め切りなさい。
なお、6月1日現在、¥80,000の当座預金残高があり、銀行と限度額¥700,000の当座借越契約を結んでいる。

6/3 大分商店への買掛代金¥100,000を小切手を振り出して支払った。

　7 宮崎商店へ商品¥115,000（原価¥75,000）を売り渡し、代金のうち¥65,000は同店振出しの小切手で受け取り、残額は掛とした。なお、小切手は当座預金とした。

　15 山口商店より商品¥170,000を仕入れ、代金は小切手を振り出して支払った。

　20 長崎商店へ売掛代金¥70,000を送金小切手で受け取り、ただちに当座預金とした。

　25 熊本商店への売掛金¥130,000を回収した。回収額のうち¥90,000は当店が6月3日に振り出した小切手で、残額は同店振出しの小切手で受け取り、ただちに当座預金とした。

　28 今月分の家賃¥60,000を小切手を振り出して支払った。

	借　　　方	貸　　　方
6/3		
7		
15		
20		
25		
28		

当 座 預 金 出 納 帳

平成○年	摘　　要	収　入	支　出	借または貸	残　高

9－8　次の取引を小口現金出納帳に記入し、締め切りなさい。なお、定額資金前渡制（インプレスト・システム）を採用し、小口現金係は毎週金曜日の営業時間終了時にその週の支払を報告し、資金の補給を受けている。

6月20日（月）　郵便切手・はがき代　¥6,500　　6月21日（火）　タクシー代　¥4,850
　　22日（水）　封筒・伝票代　¥6,750　　　　　　23日（木）　お茶・コーヒー代　¥6,100
　　24日（金）　電車・バス代　¥3,950

小 口 現 金 出 納 帳

収　入	平成○年		摘　要	支　払	内　訳			
					通信費	交通費	消耗品費	雑費
50,000	6	20	前週繰越					
			合　計					
			本日補給					
			次週繰越					
			前週繰越					

第10章　商品売買の記帳

10-1 次の取引を3分法によって仕訳し、仕入勘定と売上勘定に転記しなさい。

8/2　佐賀商店へ商品¥65,000を売り渡し、代金は掛けとした。なお、発送費¥5,500を現金で支払った。

5　大分商店より商品¥87,000を仕入れ、代金は掛けとした。

7　佐賀商店へ売り渡した商品のうち、一部が破損していたため、¥3,500の値引きを承諾した。

10　長崎商店から商品¥160,000を仕入れ、代金は掛けとした。なお、引取運賃¥8,000を現金で支払った。

10　長崎商店から仕入れた商品のうち¥8,000を品質不良のため返品した。

14　宮崎商店へ商品¥93,000を売り渡し、代金のうち¥63,000は同店振り出しの小切手で受け取り、残額は掛けとした。

17　大分商店から仕入れた商品の一部に品質不良があり¥2,500の値引きを受けた。

28　宮崎商店へ売り渡した商品のうち、¥5,000が品違いのため返品された。

	借　方	貸　方
8/2		
5		
7		
10		
11		
15		
17		
28		

```
        仕　　入                    売　　上
─────────┼─────────      ─────────┼─────────
         │                        │
         │                        │
```

10-2 次の取引を3分法によって仕訳を示し、仕入帳と売上帳に記入して締め切りなさい。

9/3 佐賀商店から商品¥600,000（A型スマホ15台@¥18,000、B型スマホ15台@¥22,000）を掛けで仕入れた。なお、引取運賃¥6,000を現金で支払った。

6 上記の商品のうち、不良品¥36,000（A型スマホ2台@¥18,000）を返品した。

11 長崎商店へ商品¥168,000（B型スマホ6台@¥28,000）を売り渡し、代金のうち¥120,000は同店振り出しの小切手で受け取り、残額は掛けとした。

16 大分商事から商品¥300,000（C型スマホ12台@¥25,000）を掛けで仕入れた。なお、引取運賃¥5,500を現金で支払った。

18 長崎商店へ売り上げた商品につき、¥2,000（B型スマホ4台@¥500）の値引きを承諾した。

23 大分商事から仕入れた商品につき、¥3,000（C型スマホ2台@¥1,500）の値引きを受けた。

27 宮崎商店へ商品¥463,000（A型スマホ8台@¥23,000、C型スマホ9台@¥31,000）を掛けで売り渡した。

	借　　　　方	貸　　　　方
9/3		
6		
12		
16		
18		
23		
27		

仕　入　帳

平成〇年	摘　要	内　訳	金　額

売　上　帳

平成〇年	摘　要	内　訳	金　額

10-3 次の資料に基づいて、①先入先出法と②移動平均法による商品有高帳の記入を示しなさい。

1月9日	仕入 30ダース @¥310		1月21日	仕入 40ダース @¥252
16日	売上 40ダース @¥500		29日	売上 30ダース @¥450

商品有高帳

①先入先出法　　　　　　ボールペン

平成○年		適要	受入			払出			残高		
			数量	単価	金額	数量	単価	金額	数量	単価	金額
1	1	前月繰越	30	320	9,600				30	320	9,600

商品有高帳

②移動平均法　　　　　　ボールペン

平成○年		適要	受入			払出			残高		
			数量	単価	金額	数量	単価	金額	数量	単価	金額
1	1	前月繰越	30	320	9,600				30	320	9,600

10-4 次の資料に基づいて、先入先出法による①商品有高帳の記入を示し（帳簿の締切りも行うこと）、②3月中の売上高、売上原価および売上総利益を計算しなさい。

3月1日	前月繰越	12個	@¥25,000		3月17日	売　　上	19個	@¥43,000
3日	仕　入	5個	@¥25,000		26日	仕　入	4個	@¥27,000
15日	仕　入	4個	@¥26,000		28日	売　　上	3個	@¥44,000

商品有高帳
（先入先出法）　　　　　　　野球グローブ

平成○年	摘要	受入 数量	受入 単価	受入 金額	払出 数量	払出 単価	払出 金額	残高 数量	残高 単価	残高 金額
3/1	前月繰越	12	25,000	300,000				12	25,000	300,000
3/3	仕　入	5	25,000	125,000				17	25,000	425,000
3/15	仕　入	4	26,000	104,000				17	25,000	425,000
								4	26,000	104,000
3/17	売　上				17	25,000	425,000			
					2	26,000	52,000	2	26,000	52,000
3/26	仕　入	4	27,000	108,000				2	26,000	52,000
								4	27,000	108,000
3/28	売　上				2	26,000	52,000			
					1	27,000	27,000	3	27,000	81,000
3/31	次月繰越				3	27,000	81,000			
		25		637,000	25		637,000			

売上高	売上原価	売上総利益
¥ 949,000	¥ 556,000	¥ 393,000

10－5　次の関連ある問いに答えなさい。

(1) 期中に商品100個（原価¥10,000）を仕入れ、期末に手許に商品10個（原価¥1,000）残っていた。なお、期首において手許に50個（原価¥5,000）あったとすると、売れた商品の個数および原価はいくらになるか。

```
式：¥      (     個) ＋ ¥      (     個) － ¥      (     個)
   ＝¥      (     個)

よって、売れた個数は_____個であり、売れた商品の原価は¥_____である。
```

(2) 上記において、売上高が¥20,000であった。このときの商品売買益はいくらか。

```
商品売買益 ＝ 売れた商品の売価 － 売れた商品の原価
        ＝ ¥      (     個) － ¥      (     個)
        ＝ ¥

              よって、商品売買益は¥_____になる。
```

(3) 期首商品棚卸高、仕入高、期末商品棚卸高、売上高を使って商品売買益（損）を計算する過程の式を完成させなさい。

　　（　　　　　）＋（　　　　　）－（　　　　　）＝　売上原価
　　（　　　　　）－（　　　　　）＝　商品売買益（損）

(4) 商品売買益計算のための仕訳を次の手順により示し、各勘定に転記しなさい。なお、各勘定には金額のみを示せばよい。なお、期末商品棚卸高は¥1,000である。

① 仕入高　＋　期首商品棚卸高

借　方	貸　方

② ①の金額　－　期末商品棚卸高

③ 売上原価を損益勘定へ振り替える。

④ 売上高を損益勘定へ振り替える。


```
          仕      入                        売      上
1/1 前期繰越 5,000  ①                          10,000 ②
②                                    ①              ③

          仕      入                        売      上
⑤                  20,000            ③              ④
```

第11章　掛け取引の記帳

11－1 次の取引の仕訳を示すとともに、売掛金勘定に転記し、売掛金元帳に記入しなさい。ただし、商品に関する勘定は3分法によること。なお、仕訳帳は、2ページとする。

5月6日　小田原商店に商品￥135,000を売り渡し、代金は掛けとした。

9日　小田原商店に売り渡した上記の商品の一部に品違いがあり、￥2,000が戻された。

15日　東京商店に商品￥320,000を売り渡し、代金のうち￥120,000は現金で受け取り、残額は掛けとした。

27日　東京商店に対する売掛金￥220,000を、同店振り出しの小切手で受け取った。

	借　方	貸　方
5/6		
9		
15		
27		

総勘定元帳

売　掛　金　　　　　　1

平成○年		摘　要	仕丁	借　方	平成○年		摘　要	仕丁	貸　方
1	1	前期繰越	✓	200,000					

売掛金元帳

小　田　原　商　店　　　　　　1

平成○年		摘　要	借　方	貸　方	借または貸	残　高

東　京　商　店　　　　　　2

平成○年		摘　要	借　方	貸　方	借または貸	残　高
5	1	前月繰越	200,000		借	200,000

11-2 次の取引の仕訳を示すとともに、買掛金勘定に転記し、買掛金元帳に記入しなさい。ただし、商品に関する勘定は3分法によること。なお、仕訳帳は3ページとする。

6月6日 徳島商店から商品￥450,000を仕入れ、代金の一部￥100,000は小切手で支払い、残額は掛けとした。
14日 香川商店から商品￥230,000を仕入れ、代金は掛けとした。
18日 香川商店から仕入れた上記の商品について、￥5,000の値引きを受けた。
25日 徳島商店に対する買掛金￥230,000を小切手で支払った。

	借 方	貸 方
6/6		
14		
18		
25		

総勘定元帳
買　金　　　　　8

平成○年	摘 要	仕丁	借 方	平成○年	摘 要	仕丁	貸 方
				6	1	前期繰越	✓	150,000

買掛金元帳
徳島商店　　　　1

平成○年	摘 要	借 方	貸 方	借または貸	残 高

香川商店　　　　2

平成○年	摘 要	借 方	貸 方	借または貸	残 高
6	1	前月繰越		150,000	貸	150,000

11-3 次の取引の仕訳を示しなさい。

(1) 富山商店が倒産し，売掛金￥20,000が貸し倒れになった。仕訳を示しなさい。
(2) 決算にさいし，売掛金残高￥230,000に対し3%の貸し倒れを見積り計上した。ただし，貸倒引当金の残高はない。この時の仕訳を示しなさい。
(3) 上野商店が倒産し，売掛金￥20,000が貸し倒れとなった。ただし，貸倒引当金が￥70,000ある。
(4) 小山商店が倒産し，売掛金￥70,000が貸し倒れとなった。ただし，貸倒引当金が￥30,000ある。
(5) 大宮商店が倒産し，当期の売掛金￥120,000が貸し倒れとなった。なお，貸倒引当金が￥50,000ある。
(6) 前期に貸倒れとして処理をしていた売掛金￥30,000が，現金により回収できた。

	借　方	貸　方
(1)		
(2)		
(3)		
(4)		
(5)		
(6)		

11-4 決算（平成11年12月31日　決算年1回）にさいし、売掛金残高￥320,000に対し2％の貸し倒れを見積り計上した。ただし、貸倒引当金の残高が￥2,400ある。この時、差額を計上する方法（差額補充法）における仕訳を示し、各勘定に転記し、締め切りなさい。各勘定口座には、日付、相手科目、金額を示すこと。

差額補充法

借　方	貸　方

貸倒引当金繰入　　　　　　　　　　　貸倒引当金
　　　　　　　　　　　　　　　　　　　　　1/1　前期繰越　2,400

総合問題（3）

総3－1　佐賀商店の下記の取引について、
（1）仕訳帳に記入して、総勘定元帳の売掛金勘定に転記しなさい。
（2）売上帳・仕入帳・売掛金元帳（得意先元帳）・買掛金元帳（仕入先元帳）・商品有高帳に記入して、締め切りなさい。

　　ただし、i　商品に関する勘定は3分法によること。
　　　　　　ii　仕訳帳の小書きは省略する。
　　　　　　iii　元丁欄には、売掛金勘定に転記するときだけ記入すればよい。
　　　　　　iv　商品有高帳は、A品について先入先出法（買入順法）によって記入すること。

取　　引
　3月5日　郡山商店から次の商品を仕入れ、代金の一部¥130,000については小切手で支払い、残額は掛けとした。
　　　　　A品　　　350個　　@¥500　　¥175,000
　　　　　B品　　　400個　　@¥650　　¥260,000
　　　8日　福島商店に次の商品を売り渡し、代金は掛けとした。
　　　　　A品　　　320個　　@¥850　　¥272,000
　　　　　B品　　　250個　　@¥900　　¥225,000
　　　10日　仙台商店に次の商品を売り渡し、代金は掛けとした。
　　　　　B品　　　100個　　@¥900　　¥ 90,000
　　　12日　仙台商店に売り渡した上記商品の一部に品質不良のものがあったので、次のとおり返品された。なお、この代金は売掛金から差し引くことにした。
　　　　　B品　　　　5個　　@¥900　　¥ 4,500
　　　15日　北上商店から次の商品を仕入れ、代金は掛けとした。
　　　　　B品　　　100個　　@¥670　　¥ 67,000
　　　16日　北上商店から仕入れた上記の商品について下記の値引きを受けた。なお、この代金は買掛金から差し引くことにした。
　　　　　B品　　　100個　　@¥ 10　　¥ 1,000
　　　20日　郡山商店の買掛金¥200,000について、小切手を振り出して支払った。
　　　27日　福島商店から売掛金の一部¥360,000を、同店振り出しの小切手で受け取った。

仕　訳　帳　　　　1

平成○年		摘　　要	元丁	借　方	貸　方
3	1	前期繰越高		3,450,000	3,450,000

仕　訳　帳　　　　2

平成○年		摘　　要	元丁	借　方	貸　方

総 勘 定 元 帳
売　掛　金　　　　3

平成○年		摘　要	仕丁	借　方	平成○年		摘　要	仕丁	貸　方
3	1	前期繰越	✓	200,000					

売　上　帳　　1

平成○年	摘　要	借　方	貸　方

仕　入　帳　　1

平成○年	摘　要	借　方	貸　方

売　掛　金　元　帳

福島商店　1

平成○年	摘要	借方	貸方	借貸	残高

仙台商店　2

平成○年	摘要	借方	貸方	借貸	残高
3　1	前月繰越	200,000		借	200,000

買 掛 金 元 帳

郡山商店　　1

平成○年	摘要	借方	貸方	借貸	残高

北上商店　　2

平成○年	摘要	借方	貸方	借貸	残高
3　1	前月繰越		40,000	貸	40,000

商 品 有 高 帳

（先入先出法）　　　　　　　　　A 品　　　　　　　　　単位：個

平成○年	適要	受入 数量	単価	金額	払出 数量	単価	金額	残高 数量	単価	金額
3　1	前月繰越	30	490	14,700				30	490	14,700

第12章 その他の債権・債務の記帳

12－1 次の取引の仕訳を、福岡商店・大分商店の両方について示しなさい（貸付金・借入金）。
(1) 福岡商店は大分商店に対して現金¥5,000,000を期間6ヶ月、利率年4.5％で貸し付けた。
(2) 福岡商店は満期日に大分商店から貸付金を利息とともに同店振出しの小切手で返済を受けた。

		借　　　　方	貸　　　　方
福岡商店	(1)		
	(2)		
大分商店	(1)		
	(2)		

12－2 次の取引の仕訳を、売り手と買い手の両方について示しなさい。（未払金・未収金）
(1) 山口商店は自動車販売業（ディーラー）の広島商会より、商品運送用のトラック1台を¥1,500,000で購入し、代金のうち¥700,000は現金で支払い、残額は月末払いとした。
(2) 月末になって、山口商会は上記(1)の残額¥800,000を小切手を振り出して支払った。
(3) 佐賀商事は不要になったコピー機1台（帳簿価額¥80,000）を¥80,000で長崎商会（コピー機販売会社）に売却し、代金は翌月末に受け取ることにした。
(4) 翌月末になって、佐賀商事は上記(3)の代金を長崎商会振り出しの小切手で受け取った。

		借　　　　方	貸　　　　方
(1)	売り手		
	買い手		
(2)	売り手		
	買い手		
(3)	売り手		
	買い手		
(4)	売り手		
	買い手		

12－3　次の取引を仕訳し、福岡商店と佐賀商店の両方について示しなさい。（前払金・前受金）
(1) 福岡商店は、2ヶ月後に佐賀商店から商品¥300,000を購入する約束をし、内金として現金¥50,000を支払った。
(2) 福岡商店は佐賀商店から上記¥300,000の商品を仕入れ、内金との差額は現金で支払った。なお、引取運賃¥5,000は、現金で箱崎運送店へ支払った。

		借　　　　　方	貸　　　　　方
福岡商店	(1)		
	(2)		
佐賀商店	(1)		
	(2)		

12－4　次の取引を仕訳しなさい。（従業員立替金・立替金・預り金）
(1) 従業員に給料の前貸しとして現金¥70,000を渡した。
(2) 従業員へ給料総額¥1,850,000のうち所得税の源泉徴収分¥110,000と立て替えてあった¥50,000を差し引き、手取金を現金で支給した。
(3) 所得税の源泉徴収分¥110,000を税務署に現金で納付した。
(4) 山口商店へ商品¥75,000を売り渡し、代金は同店振出の小切手で受け取った。なお、先方負担の発送運賃¥5,500を現金で立替払いした。

	借　　　　　方	貸　　　　　方
(1)		
(2)		
(3)		
(4)		

12-5 次の一連の取引を仕訳しなさい。（仮払金・仮受金）
(1) 従業員の出張にあたり、旅費の概算額¥140,000を現金で前渡しした。
(2) 出張中の従業員から¥800,000が当社の当座預金口座に振り込まれたが、その内容は不明である。
(3) 従業員が出張から帰り、上記の振込額の内訳は、売掛金の回収額¥350,000、商品注文の手付金¥250,000、貸付金の回収額¥200,000であることが判明した。
(4) 旅費の精算を行い、残額¥6,000を現金で受け取った。

	借 方	貸 方
(1)		
(2)		
(3)		
(4)		

12-6 次の取引の仕訳をしなさい。（商品券・他店商品券）
(1) 商品券¥50,000を発行し、代金は現金で受け取った。
(2) 商品¥55,000を売り上げ、代金のうち¥50,000は当店発行の商品券で、残額は現金で支払った。
(3) 商品¥62,500を売り上げ、代金は他店振り出しの商品券¥53,000で受け取り、釣銭は現金で支払った。
(4) 商品券の精算をするため、当店が保有している他店商品券¥60,000と、他店が保有している当店発行の商品券¥30,000を交換し、差額については現金で決済した。

	借 方	貸 方
(1)		
(2)		
(3)		
(4)		

第13章　手形取引の記帳

13－1 次の取引の仕訳を示しなさい。（約束手形）
(1) Ｃ商店に商品¥450,000を売り上げ、代金は同店振り出しの約束手形を受け取った。
(2) Ａ商店から商品¥300,000を仕入れ、代金は約束手形を振り出して支払った。
(3) (1)の約束手形の満期日が到来し、当座預金に入金された。
(4) (2)の約束手形¥300,000の満期日が到来し、当座預金より支払った。

	借　方	貸　方
(1)		
(2)		
(3)		
(4)		

13－2 次の取引について、当店、Ａ商店、Ｃ商店の仕訳をしなさい。
(1) 当店は、Ａ商店から商品¥300,000を仕入れ、代金はかねてから売掛金のあるＣ商店宛の為替手形を振り出しＣ商店の引受けを得て、Ａ商店へ渡した。
(2) 上記為替手形が、満期日に取引銀行の当座預金口座を通じて決済された。

【当店】

	借　方	貸　方
(1)		

【Ｃ商店】

	借　方	貸　方
(1)		
(2)		

【Ａ商店】

	借　方	貸　方
(1)		
(2)		

13-3 次の取引の仕訳を、福岡商店・佐賀商店・長崎商店のそれぞれについて示しなさい。なお、仕訳がない商店については解答欄に「仕訳なし」と記入すること。
(1) 福岡商店は佐賀商店に商品¥380,000を掛け売りした。
(2) 福岡商店は長崎商店から商品¥265,000を仕入れ、代金はかねて売掛金のある得意先佐賀商店宛の為替手形を振り出し、佐賀商店の引受を得て長崎商店に渡した。
(3) 長崎商店は満期日になったので、佐賀商店に為替手形を呈示し、手形代金を小切手にて受け取った。

		借 方	貸 方
福岡商店	(1)		
	(2)		
	(3)		
佐賀商店	(1)		
	(2)		
	(3)		
長崎商店	(1)		
	(2)		
	(3)		

13-4 次の取引の仕訳を示しなさい。なお、仕訳がなければ解答欄に「仕訳なし」と記入すること。
(1) かねて長崎商店宛に振り出した約束手形¥370,000について、同店より支払の呈示を受けたので小切手を振り出して支払った。
(2) 当店受取りの為替手形¥150,000の代金取立てを取引銀行に依頼して手形を渡した。
(3) 上記(2)の為替手形について、取引銀行から手形代金の取立が済み、当座預金に振り込んだ旨の通知があった。

	借 方	貸 方
(1)		
(2)		
(3)		

13-5 次の取引の仕訳を示しなさい。
(1) 広島商店からかねて注文しておいた商品¥150,000を引き取り、注文時に支払った手付金¥50,000を差し引き、差額を同店宛の約束手形を振り出して支払った。なお、その際、引取運賃¥8,000を現金で支払った。
(2) 岡山商店へ買掛金支払いのため、かねて売掛金のある山口商店宛為替手形¥150,000を振り出し、同店の引受けを得た。
(3) 宮崎商店は、鹿児島商店より商品¥140,000を仕入れ、代金は売掛金のある得意先大分商店宛の為替手形を振り出して支払った。
(4) 大阪商店から商品¥150,000を仕入れ、この代金のうち半額は同店振出し、兵庫商店受け取りの為替手形を呈示されたので、その支払いを引受け、残額は小切手を振り出して支払った。
(5) 得意先神戸商店に対し、さきに注文のあった商品を引き渡し、この代金¥500,000から手付金¥60,000を控除した差額のうち、半額を同店振出しの約束手形で受け取り、残額は月末に受け取ることとした。

	借 方	貸 方
(1)		
(2)		
(3)		
(4)		
(5)		

13-6 次の取引の仕訳を示しなさい。

A商店から商品¥400,000を仕入れ、代金はかねてB商店から受け取っていた約束手形¥250,000を裏書譲渡し、残額は小切手を振り出して支払った。

借 方	貸 方

13-7 次の取引の仕訳を示しなさい。

D商店振り出しの約束手形¥170,000をH銀行で割り引き、割引料¥1,000を差し引かれ、手取金は当座預金とした。

借 方	貸 方

13－8 次の取引の仕訳を示しなさい。

(1) 大阪商店から売掛金の回収として、名古屋商店振り出し、大阪商店宛約束手形￥150,000と当店振り出し、神戸商店宛約束手形￥70,000を受け取った。

(2) 福岡商店はかねて広島商店へ注文しておいた商品￥600,000を受け取り、代金のうち￥60,000は注文時に支払った内金と相殺し、￥150,000は山口商店振り出し、当店宛の約束手形を裏書譲渡し、残りは月末に支払うことにした。

(3) 鳥取商店は、岡山商店より商品￥800,000を仕入れ、代金のうち￥650,000は和歌山商店振り出しの約束手形を裏書譲渡し、残りは岡山商店宛の約束手形を振り出して支払った。

(4) 仕入先愛媛商店に対する買掛金￥700,000の支払いのため、半額は手持ちの香川商店振り出し、松山商店引受けの為替手形を裏書譲渡し、残額は得意先徳島商店宛の為替手形を振り出し同店の引受けを得て渡した。

(5) 東京商店へ商品￥450,000を売り上げ、代金のうち￥90,000は注文時に受け取った手付金と相殺し、￥200,000は横浜商店振り出し、千葉商店宛の約束手形を裏書きのうえ受け取り、残りは月末に受け取ることにした。なお、その際発送運賃（当店負担）￥10,000を現金で支払った。

(6) 佐賀商店より商品￥440,000を仕入れ、代金のうち半額は手持ちの長崎商店振り出し、宮崎商店引受けの為替手形を裏書譲渡し、残りは得意先鹿児島商店宛の為替手形を同店の引受けを得て渡した。

	借　方	貸　方
(1)		
(2)		
(3)		
(4)		
(5)		
(6)		

13-9　次の取引の仕訳を示しなさい。
（1）福岡商店は、得意先熊本商店へさきに注文を受けていた商品¥700,000を引き渡し、代金のうち半額は大分商店振り出しの約束手形を熊本商店の裏書きを得て受け取り、残額は掛とした。
（2）福岡商店は、上記（1）の約束手形を銀行で割引に付し、割引料¥5,500を差し引かれ、手取金を当座預金に預け入れた。
（3）熊本商店より商品¥380,000を仕入れ、代金のうち¥150,000は長崎商店振り出し、当店宛の約束手形を裏書譲渡して支払い、残額は掛とした。なお、この商品を引き取る際に、運賃などの諸費用¥17,000を現金で支払った。

	借　　方	貸　　方
(1)		
(2)		
(3)		

13-10　次の取引を支払手形記入帳に記入しなさい。
　8月1日　当店は、仕入先A商店へ買掛金¥60,000を支払うため約束手形を振り出した。
　　　　　満期日：10月31日、手形番号：#9、支払場所：N銀行
　9月1日　当店の仕入先B商店がC商店に対する買掛金¥600,000を支払うため、C商店を受取人とする為替手形¥600,000を振り出し、当店へ引き受けを呈示したのでこれを引き受けた。
　　　　　満期日：11月30日、手形番号：#10、支払場所：N銀行
　10月31日　上記約束手形が満期日になり、H銀行より決済した旨、連絡を受けた。
　11月30日　上記為替手形が満期日になり、H銀行より決済した旨、連絡を受けた。

支払手形記入帳

平成〇年	摘要	金額	手形種類	手形番号	受取人	振出人または裏書人	振出日 月 日	満期日 月 日	支払場所	てん末 月 日	摘要

13－11 次の取引を受取手形記入帳に記入しなさい。

6月1日 得意先D商店より売掛金¥60,000を同店振り出しの約束手形で受け取った。
満期日：8月31日、手形番号：＃7、支払場所：S銀行

7月10日 仕入先A商店に対する買掛金¥60,000の支払のため、上記約束手形を裏書譲渡した。

受取手形記入帳

平成○年	摘要	金額	手形種類	手形番号	支払人	振出人または裏書人	振出日 月 日	満期日 月 日	支払場所	てん末 月 日	摘要

13－12 福岡商店の次の取引の仕訳を示し、受取手形記入帳に記入しなさい。

3/5 大分商店に対する売掛金¥380,000を、同店振出しの約束手形（#21、振出日3月5日、支払期日4月13日、支払場所西南銀行）で受け取った。

7 熊本商店から商品¥360,000を仕入れ、代金のうち¥280,000は宮崎商店から受け取った上記の約束手形を裏書譲渡し、残りは掛けとした。

8 長崎商店に商品¥670,000を売り渡し、代金のうち¥450,000は同店振出し、鹿児島商店宛（引受済み）の為替手形（#47、振出日3月6日、支払期日4月10日、支払場所西南銀行）を受け取り、残りは掛けとした。

11 長崎商店から受け取った上記の為替手形¥450,000を取引銀行で割引き、割引料¥3,400を差し引いた手取金を当座預金とした。

	借　方	貸　方
3/5		
7		
8		
11		

受取手形記入帳

平成○年	手形種類	手形番号	摘要	支払人	振出人または裏書人	振出日	満期日	支払場所	支払金額	てん末 月 日	摘要

13-13 次の帳簿の名称を（　　　）の中に記入し、あわせてこの帳簿に記録されている諸取引を仕訳しなさい。なお、6月30日は、当座預金口座から支払われている。

（　支払手形　）記入帳

平成○年		手形種類	手形番号	摘要	受取人	振出人	振出日		満期日		支払場所	支払金額	てん末		
													月	日	摘要
4	22	約手	27	買掛金	大阪商店	当店	4	22	6	30	西南銀行	380,000	6	30	支払
5	27	為手	31	買掛金	京都商店	神戸商店	5	27	7	31	〃	440,000			

	借　方	貸　方
4/22		
5/27		
6/30		

13-14 東京商店では、次の表に記載の補助簿を用いている。下記の取引が記帳される補助簿の関係欄に○印をつけなさい。

取　引	現金出納帳	仕入帳	売上帳	商品有高帳	売掛金元帳	買掛金元帳	受取手形記入帳	支払手形記入帳
① 茨城商店から商品を仕入れ、その代金の一部として埼玉商店から受け取った約束手形を裏書譲渡し、残額は掛けとした。								
② 神奈川商店へ商品を売り渡し、半額は小切手で受け取り、残額は掛けとした。								
③ 千葉商店から買掛金に対し名古屋商店受け取り当店宛の為替手形の引き受けを求められ、これを引き受けた。								

第14章　有価証券取引の記帳

14－1 次の取引の仕訳を示しなさい。
(1) 売買目的で福山産業株式会社の株式10株を1株につき¥95,000で買い入れ、代金は買入手数料¥12,000とともに月末に支払うことにした。
(2) 売買目的で額面¥5,000,000の国債を¥4,900,000で買い入れ、代金は買入手数料¥45,000を含めて月末に支払うことにした。
(3) 売買目的で広島商事株式会社の株式10株を1株につき¥360,000で購入し、代金は買入手数料¥28,000とともに小切手を振り出して支払った。まお、当座預金の預金残高は¥1,100,000であったが、借越限度額¥5,000,000の当座借越契約を結んでいる（当座借越勘定を用いること）。
(4) 所有している山口工業株式会社の株券14,000株について、同社から配当金領収書¥760,000が郵送されてきた。

	借　　　方	貸　　　方
(1)		
(2)		
(3)		
(4)		

14－2 次の取引の仕訳を示しなさい。
(1) さきに売買目的で1株につき¥280,000で購入した岐阜商事株式会社の株式10株を、1株につき¥250,000で売却し、代金は小切手で受け取った。
(2) さきに売買目的で1株につき¥94,000で購入した静岡産業株式会社の株式10株を、1株につき¥86,000で売却し、代金は月末に受け取ることにした。
(3) さきに売買目的で額面¥100につき¥97で買い入れた宮崎工業株式会社の社債のうち額面総額¥3,000,000を額面¥100につき¥98で売却し、代金は月末に受け取ることにした。

	借　　　方	貸　　　方
(1)		
(2)		
(3)		

14-3 次の取引の仕訳を示しなさい。
(1) さきに売買目的で1株につき¥84,000で購入した大分商事株式会社の株式10株を、1株につき¥96,000で売却し、代金は月末に受け取ることにした。
(2) さきに売買目的で額面¥100につき¥98で買い入れた額面総額¥8,000,000の社債のうち額面¥3,000,000を¥97で売却し、代金は月末に受け取ることにした。
(3) さきに売買目的で1株につき¥64,000で買い入れていた株式20株を、1株につき¥52,000で売却し、代金の半額を小切手で受け取り、残額は、月末に受け取ることにした。
(4) 決算時に、売買目的で所有している株式100株（@¥63,000で購入したものである）を@¥59,000に評価替えした。

	借　方	貸　方
(1)		
(2)		
(3)		
(4)		

14-4 決算に際し、次の事項が判明した。よって必要な決算仕訳を行いなさい。
(1) 所有株式につき¥25,000の配当金領収書を受領していたが、その処理がなされていなかった。
(2) かねてより所有している高知工業株式会社の社債につき、期限の到来した社債利札¥70,000が記入もれとなっていた。
(3) 高知工業式会社の社債は（額面総額¥2,000,000）、さきに額面¥100につき¥98で売買目的で買い入れたものであるが、決算日の時価が¥98.5であった。

	借　方	貸　方
(1)		
(2)		
(3)		

第15章　固定資産の記帳

15-1　次の取引の仕訳を示しなさい。
(1) 販売店舗用の土地200㎡を1㎡当たり¥30,000で購入し、整地費用¥400,000、登記料¥20,000および仲介手数料¥40,000とともに、代金は小切手を振り出して支払った。
(2) 営業用の建物¥6,500,000を購入し、小切手を振り出して支払った。なお、不動産業者への手数料¥145,000と登記料¥90,000は現金で支払った。
(3) 事務用の計算機10台を購入し、その代金¥750,000のうち半額は小切手を振り出して支払い、残額は月末に支払う約束である。なお、引取運賃¥9,000は現金で支払った。
(4) 営業用の建物を¥7,300,000で買い入れ、代金は仲介手数料¥185,000とともに月末支払うことにした。
(5) 店舗の陳列棚を購入し、その代金¥450,000は小切手を振り出して支払い、引取運賃¥25,000と運送保険料¥8,000は現金で支払った。
(6) 営業用乗用車1台を購入し、代金¥1,500,000は小切手を振り出して支払った。
(7) 事務所用の机・いすを¥115,000で購入し、代金は小切手を振り出して支払った。なお、引取運賃¥5,200は現金で支払った。
(8) 営業用の倉庫を¥8,800,000で購入し、代金は小切手を振り出して支払った。なお、登記料¥48,000と仲介手数料¥35,000は現金で払った。
(9) 帳簿価額¥8,500,000の倉庫用地を¥8,900,000で売却し、代金は送金小切手で受け取った。

	借　　方	貸　　方
(1)		
(2)		
(3)		
(4)		
(5)		
(6)		
(7)		
(8)		
(9)		

15-2 次の連続した取引について、(1)直接法と、(2)間接法の仕訳を示し、各勘定に記入しなさい。なお、減価償却費の計算は定額法で、減価償却費の記帳は直接法によっている。

平成24年　4月1日　備品¥400,000（残存価額10%　耐用年数8年）を購入し、代金は小切手を振り出して支払った。
平成25年　3月31日　上記の備品について減価償却費を計上した。
平成26年　3月31日　上記の備品について減価償却費を計上した。
　　　　　4月1日　上記の備品を¥280,000で売却し，代金は月末に受け取ることにした。

(1) 直接法

(1)直接法	借　方	貸　方
24. 4 / 1	備品　400,000	当座預金　400,000
25. 3 /31	減価償却費　45,000	備品　45,000
26. 3 /31	減価償却費　45,000	備品　45,000
26. 4 / 1	未収金　280,000 固定資産売却損　30,000	備品　310,000

備品
- 24/4/1 当座預金 400,000
- 25/3/31 減価償却費 45,000
- 26/3/31 減価償却費 45,000
- 26/4/1 諸口 310,000

減価償却費
- 25/3/31 備品 45,000
- 26/3/31 備品 45,000

固定資産売却損
- 26/4/1 備品 30,000

(2) 間接法

(2)間接法	借　方	貸　方
24. 4 / 1	備品　400,000	当座預金　400,000
25. 3 /31	減価償却費　45,000	備品減価償却累計額　45,000
26. 3 /31	減価償却費　45,000	備品減価償却累計額　45,000
26. 4 / 1	備品減価償却累計額　90,000 未収金　280,000 固定資産売却損　30,000	備品　400,000

備品
- 24/4/1 当座預金 400,000
- 26/4/1 諸口 400,000

備品減価償却累計額
- 26/4/1 備品 90,000
- 25/3/31 減価償却費 45,000
- 26/3/31 減価償却費 45,000

減価償却費
- 25/3/31 備品減価償却累計額 45,000
- 26/3/31 備品減価償却累計額 45,000

固定資産売却損
- 26/4/1 備品 30,000

第16章　営業費の記帳

16－1　次の文章について、ア～エには適切な語句を示し、②に属する勘定科目と③に属する勘定科目を下記の語群から選び解答欄に記入しなさい。

　　企業が日常のおもな営業活動を行っていく上で必要とされる費用を（ア　　　）という。（ア　　　）は、商品の販売に関係して支出される（イ　　　）と、企業全体の管理活動に関係して支出される（ウ　　　）に分けることが出来る。

　　なお、このほかに雑損などは、営業活動によって生じる費用でないものであるので（エ　　　）と呼ばれる。

　語　群
　1. 保　険　料　　2. 交　通　費　　3. 消　耗　品　費　　4. 給　　　料
　5. 発　送　費　　6. 通　信　費　　7. 雑　　　費　　　　8. 修　繕　費
　9. 支　払　家　賃　10. 水　道　光　熱　費　　11. 広　告　料

ア		イ		ウ		エ	

イに属する科目	
ウに属する科目	

16－2　次の取引の仕訳を示しなさい。ただし、当店は、営業に関する費用を営業費勘定で処理し、別に営業費内訳帳という補助簿を設けている。

　11月2日　テレフォンカード￥10,000を買い入れ、代金は現金で支払った。
　　　5日　新聞のちらし広告を行い、この費用￥18,000は小切手を振り出して支払った。
　　　6日　郵便局で、郵便切手・はがき￥4,500を買い入れ、代金は現金で支払った。
　　　10日　事務用のボールペン・帳簿など￥6,000を買い入れ、代金は現金で支払った。
　　　13日　バスの回数券￥8,600を買い入れ、代金は現金で支払った。

	借　方	貸　方
11/2		
11/5		
11/6		
11/10		
11/13		

第17章　個人企業の資本の記帳

17－1　次の取引の仕訳を示しなさい。なお、当店は資本金勘定の他に引出金勘定を用いている。
（1）店主が、現金¥1,000,000、土地¥600,000、車両運搬具¥500,000を元入れして開業した。
（2）店主が、現金¥50,000を引き出し、消費した。
（3）店主が、事業拡張のため現金¥300,000を追加出資した。
（4）店主個人の家事用の通信費¥40,000を支払った（当座引落し）。
（5）当店は、決算の結果、¥350,000の純利益を計上した。

	借　方	貸　方
(1)		
(2)		
(3)		
(4)		
(5)		

17－2　個人企業における以下の一連の取引を仕訳しなさい。ただし期中の資本の引出しについては引出金勘定を用いている。
（1）所得税の第1期予定納付額¥140,000を店の現金で納付した。
（2）住民税の第1期分¥100,000を店の現金で納付した。
（3）¥2,000の収入印紙7枚を購入し、代金は店の現金で支払った。
（4）固定資産税の第1期分¥130,000を店の現金で納付した。
（5）前年度の事業所に対する所得税額を計算したところ、¥520,000であることが明らかとなったため、確定申告を行うとともに第1期と第2期の予定納付額¥280,000を差し引いた税額を店の現金で納付した。

	借　方	貸　方
(1)		
(2)		
(3)		
(4)		
(5)		

第18章　個人企業の税金の記帳

18－1　次の取引の仕訳を示し、引出金勘定と資本金勘定に転記しなさい。ただし、日付は問題番号を使用し、資本金勘定は締め切る必要はない。
(1) 税務署からの通知によって、所得税の予定納税額のうち¥80,000を店の現金で納付した。
(2) 住民税¥28,000を現金で納付した。
(3) ⅰ　事業税¥50,000の納税通知書を受け取った。
　　 ⅱ　本日第1回分の事業税¥25,000を現金で納付した。
(4) 固定資産税¥15,000の納税通知書を受け取った。
(5) 収入印紙¥3,000を買い入れ、代金は現金で支払った。
(6) 本月分の給料¥500,000のうち、所得税¥80,000を差し引き、残額を現金で支払った。
(7) 山梨商店は、店主の所得税¥100,000と従業員の所得税¥30,000を現金で納付した。
(8) 決算にあたって引出金勘定の残高を資本金勘定に振り替えた。

		借　方	貸　方
(1)			
(2)			
(3)	ⅰ		
	ⅱ		
(4)			
(5)			
(6)			
(7)			
(8)			

引　出　金

資　本　金
　　　　　　　　　　　　1/1　前期繰越　500,000

総合問題（4）

総4-1 次の資料(1)および(2)にもとづいて、平成19年10月31日における合計残高試算表を作成しなさい。

(1) 平成○年9月30日の合計試算表

合 計 試 算 表
平成○年9月30日

借　　方	勘定科目	貸　　方
540,000	現　　　　　金	195,000
1,208,000	当　座　預　金	536,000
885,000	受　取　手　形	450,000
800,000	売　　掛　　金	560,000
400,000	売買目的有価証券	
380,000	繰　越　商　品	
442,000	貸　　付　　金	40,000
500,000	備　　　　　品	
780,000	支　払　手　形	970,000
458,000	買　　掛　　金	757,000
200,000	借　　入　　金	420,000
	貸 倒 引 当 金	8,000
	備品減価償却累計額	225,000
	資　　本　　金	2,000,000
62,000	売　　　　　上	2,986,000
	受　取　利　息	12,000
1,786,000	仕　　　　　入	21,000
689,000	給　　　　　料	
45,000	支 払 保 険 料	
5,000	支 払 利 息	
9,180,000		9,180,000

(2) 平成○年10月中の取引

1. 商品仕入高
   (1) 小切手振り出しによる仕入高　¥18,000
   (2) 約束手形振り出しによる仕入高¥98,000
   (3) 掛仕入高　¥367,000
2. 商品売上高
   (1) 現金売上高　¥410,000
   (2) 手形（当店を受取人とする手形）の受領による売上高　¥290,000
   (3) 掛売上高　¥230,000
3. 手形の決済取引
   (1) 期日の到来した手形債務¥120,000の支払い（当座預金口座からの振替え）
   (2) 手形の割引（手形債権¥180,000　割引料¥1,200　手取金は当座預金入金）
4. 買掛金の決済額
   (1) 手形の裏書譲渡による返済　¥130,000
   (2) 小切手振出しによる支払い　¥169,000
5. 売掛金の決済額
   (1) 当座預金口座への振込み　¥150,000
   (2) 得意先振出しの手形の受け取り　¥80,000
6. 商品にかかわる手付金の授受
   (1) 手付金の支払額（小切手払い）　¥130,000
   (2) 内容不明での受取り金額の確定　¥75,000
7. 備品¥166,000の購入、月末払い
8. 売買目的有価証券の売却額
   （現金受取り当座預金預入）　¥280,000
   （売却した有価証券の帳簿価額は¥232,000）
9. 未払金の決済　¥166,000の支払い
   （小切手振出し）
10. 貸付代金の回収　¥70,000　利息¥1,400
    （共に現金で受け取り）
11. 内容不明の当座預金入金　¥75,000
12. 旅費概算額　¥60,000について
    (1) 出張前従業員に現金渡し
    (2) 出張後精算　現金受取り　¥3,500
13. 不用雑誌の販売　現金受取り　¥5,000
14. 給料の支払い現金支給　¥70,000

合　計　残　高　試　算　表

平成○年10月31日

借　方		勘定科目	貸　方	
残　高	合　計		合　計	残　高
		現　　　　　　　金		
		当　座　預　金		
		受　取　手　形		
		売　　掛　　金		
		売買目的有価証券		
		繰　越　商　品		
		仮　　払　　金		
		前　　払　　金		
		貸　　付　　金		
		備　　　　　　　品		
		支　払　手　形		
		買　　掛　　金		
		仮　　受　　金		
		前　　受　　金		
		未　　払　　金		
		借　　入　　金		
		貸　倒　引　当　金		
		備品減価償却累計額		
		資　　本　　金		
		売　　　　　　　上		
		受　取　利　息		
		有　価　証　券　売　却　益		
		雑　　　　　　　益		
		仕　　　　　　　入		
		給　　　　　　　料		
		旅　費　交　通　費		
		支　払　保　険　料		
		支　払　利　息		
		手　形　売　却　損		

総4−2 以下に示した（1）佐賀商店の平成×8年3月1日の各科目の残高、および（2）同店の×8年3月中の取引にもとづき、平成×8年3月31日の残高試算表を作成しなさい。

(1)

現　　　　金	¥ 214,000	当 座 預 金	¥ 453,000	受 取 手 形	¥ 390,000
売　掛　金	368,000	売買目的有価証券	93,000	繰 越 商 品	186,000
前　払　金	11,000	未　収　金	204,000	備　　　品	700,000
支 払 手 形	284,000	買　掛　金	388,000	借　入　金	450,000
未　払　金	300,000	前　受　金	12,000	貸倒引当金	9,000
備品減価償却累計額	54,000	資　本　金	1,000,000	売　　　上	1,980,000
有価証券売却益	1,000	仕　　　入	1,632,000	給　　　料	159,000
支 払 家 賃	51,000	支 払 利 息	2,000	固定資産売却損	15,000

(2) ×8年3月中の取引

3月 1日　商品¥680,000を仕入れ、代金のうち¥328,000は小切手を振り出し、残高は掛けとした。

　　 4日　備品¥240,000を購入し、代金は翌月に支払うことにした。

　　 5日　商品を¥969,000で売り渡し、代金のうち¥609,000は現金で受け取り、残額は掛けとした。

　　 9日　商品¥162,000を注文し、その内金として¥16,000を現金で支払った。

　　11日　得意先振出し、当店受取りの約束手形¥312,000が満期となったので、当座預金に入金された旨、取引銀行から通知を受けた。

　　12日　所有していた売買目的の有価証券¥37,000を¥40,000で売り渡し、代金は現金で受け取った。

　　13日　商品¥548,000を仕入れ、代金のうち¥11,000は先に支払っていた内金と相殺し、¥200,000は、小切手を振り出して支払い、残額は、掛けとした。

　　14日　得意先の売掛金¥567,000について、小切手で受け取りただちに当座預金に預け入れた。

　　15日　商品を¥462,000で売り渡し、代金のうち¥12,000は先に受け取っていた内金と相殺し、残額は掛けとした。

　　16日　当店が振り出していた約束手形¥270,000が満期日になったので、当座預金から支払われた旨、取引銀行から通知を受けた。

　　17日　商品の注文を受け、内金として¥20,000を現金で受け取った。

　　18日　前月の備品購入にかかわる未払代金¥300,000を、小切手を振り出して支払った。

　　19日　商品¥378,000を仕入れ、代金は約束手形を振り出して支払った。

　　20日　商品を¥736,000で売り渡し、代金は、得意先商店振り出しの約束手形¥336,000で受け取り、残額は同店振出しの小切手で受け取った。

24日　現金￥1,000,000を当座預金に預け入れた。

25日　今月分の給料￥158,000、家賃￥51,000および借入金の利息￥2,000を、小切手を振出して支払った。

26日　買掛金￥588,000を、小切手を振り出して支払った。

27日　前月の備品売却にかかわる未収代金のうち￥144,000を小切手で受け取り、ただちに当座預金に預け入れた。

残 高 試 算 表
平成×8年3月31日

借　方	勘定科目	貸　方
	現　　　　　　　金	
	当　座　預　金	
	受　取　手　形	
	売　　掛　　金	
	売買目的有価証券	
	繰　越　商　品	
	前　払　金	
	未　収　金	
	備　　　　　　　品	
	支　払　手　形	
	買　　掛　　金	
	借　入　金	
	未　払　金	
	前　受　金	
	貸　倒　引　当　金	
	備品減価償却累計額	
	資　本　金	
	売　　　　　　　上	
	有価証券売却益	
	仕　　　　　　　入	
	給　　　　　　　料	
	支　払　家　賃	
	支　払　利　息	
	固定資産売却損	

第19章　決算Ⅱ

19-1 次の資料に基づいて、(1)決算整理仕訳と損益振替仕訳ならびに(2)元帳への転記を行いなさい。なお、期末商品棚卸高は¥60,000であった（決算日は12月31日）。

	借　　方	貸　　方
決算整理		
振替仕訳		

```
       繰 越 商 品                              仕　　入
                                    諸　口   680,000


         売　　上                                損　　益
         諸　口   960,000
```

19-2 期首商品棚卸高¥56,000、仕入高¥632,000、期末商品棚卸高¥68,000とするとき、売上原価を求めるのに必要な仕訳を示しなさい。

借　　方	貸　　方

19-3 決算日（12/31）に下記の売掛金勘定の期末残高に対して、3％の貸倒れを見積もった。決算整理仕訳、損益勘定への振替仕訳を行い、元帳に転記しなさい（締め切る必要はない）。

	借　　方	貸　　方
決算整理		
振替仕訳		

```
       売　掛　金                           貸倒引当金
       120,000                                         2,500


     貸倒引当金繰入                            損　　益
```

19-4 決算日に売掛金残高¥830,000に対して3％の貸し倒れを見積もる際の仕訳を示しなさい。ただし、貸倒引当金勘定残高は¥18,000であり、設定は差額補充法による。

借　　方	貸　　方

19-5 期中に得意先X商店に対する売掛金¥350,000が同店倒産のため貸倒れになった。次のケースの仕訳をしなさい。

(1) 貸倒引当金が¥350,000設定されていた。
(2) 貸倒引当金が¥70,000設定されていた。
(3) 貸倒引当金が設定されていなかった。

	借　　方	貸　　方
(1)		
(2)		
(3)		

19-6 決算につき、取得原価¥60,000 残存価額¥0 耐用年数5年の備品の減価償却を、定額法で行った。（直接法）

1年分の減価償却費の計算	式

借　　方	貸　　方

19-7 決算日（12/31）にあたり、現金過不足勘定残高¥5,000（借方残高）について原因が判明しなかったため、雑損または雑益として処理することにした。

借　　方	貸　　方

19-8 決算日（12/31）にあたり、現金過不足勘定残高¥7,000（貸方残高）について原因が判明しなかったため、雑損または雑益として処理することにした。

借　　方	貸　　方

19-9 決算日（12/31）にあたり、下記の引出金勘定残高を資本金勘定に振り替えた。決算整理仕訳を行い、元帳に転記しなさい（締め切る必要はない）。

借　　方	貸　　方

```
         引　出　金                         資　本　金
  20,000 |                              |        500,000
```

19-10

鹿児島商店の次の決算整理事項によって、精算表を完成しなさい。

決算整理事項

a. 現金過不足は原因不明
b. 貸倒引当金　売掛金残高の3％とする。（差額補充法による）
c. 期末商品棚卸高　¥100,000
d. 備品減価償却高　¥28,000（直接法）
e. 売買目的有価証券　時価¥110,000
f. 引出金は整理すること

精　算　表
平成○年12月31日

勘定科目	残高試算表 借方	残高試算表 貸方	整理記入 借方	整理記入 貸方	損益計算書 借方	損益計算書 貸方	貸借対照表 借方	貸借対照表 貸方
現　　　　金	125,000						125,000	
現 金 過 不 足		2,000	2,000					
当 座 預 金	351,000						351,000	
売　掛　金	220,000						220,000	
貸 倒 引 当 金		4,000		2,600				6,600
売買目的有価証券	120,000			10,000			110,000	
繰 越 商 品	140,000		100,000	140,000			100,000	
備　　　品	200,000			28,000			172,000	
買　掛　金		188,000						188,000
未　払　金		50,000						50,000
資　本　金		840,000	20,000					820,000
引　出　金	20,000			20,000				
売　　　上		999,000				999,000		
受 取 手 数 料		24,000				24,000		
仕　　　入	824,000		140,000	100,000	864,000			
給　　　料	72,000				72,000			
支 払 家 賃	25,000				25,000			
雑　　　費	10,000				10,000			
	2,107,000	2,107,000						
雑　　　益				2,000		2,000		
貸倒引当金繰入			2,600		2,600			
減 価 償 却 費			28,000		28,000			
有価証券評価損			10,000		10,000			
当 期 純 利 益					13,400			13,400
			302,600	302,600	1,025,000	1,025,000	1,078,000	1,078,000

19-11 沖縄商店の次の総勘定元帳勘定残高と決算整理事項によって、貸借対照表と損益計算書を作成しなさい。

元帳勘定残高

現　　　　金	￥ 56,000	当 座 預 金	￥293,000	売　掛　金	￥570,000
貸倒引当金	18,000	繰 越 商 品	180,000	売買目的有価証券	183,000
備　　　　品	250,000	買　　掛　　金	478,000	借　入　金	300,000
資　本　金	500,000	売　　　　上	1,260,000	受取手数料	42,000
仕　　　　入	724,000	給　　　　料	250,000	支 払 家 賃	56,000
通　信　費	24,000	雑　　　　費	12,000		

決算整理事項

a．期末商品棚卸高　￥150,000　　b．貸倒引当金　売掛金の4％とする。
c．備品減価償却　￥45,000（直接法）　d．買目的有価証券　時価￥174,000（評価替）

貸 借 対 照 表

沖縄商店　　　　　　　　　平成○年12月31日

資　産	金　額	負債および資本	金　額
（　　　）			
（　　　）			

損 益 計 算 書

沖縄商店　　　　　　　　　平成○年1月1日から平成○年12月31日

費　用	金　額	収　益	金　額

第20章 決 算 Ⅲ

20-1 決算に当たり、(4月1日) に取得した備品 (事務机、取得原価¥80,000、耐用年数8年、残存価額は取得原価の10%) の減価償却を定額法で行う。決算整理に必要な仕訳を (1) 直接法と (2) 間接法で示し、それぞれ勘定に転記しなさい (会計期間は1年　決算日12月31日)。

	借　方	貸　方
直接法		
間接法		

(1) 直接法

　　　　備　品　　　　　　　　　　　　　　　減価償却費
4/1　当座預金　80,000

(2) 間接法

　　　　備　品　　　　　　　　　　　　　　　減価償却費
4/1　当座預金　80,000

　　備品減価償却累計額

20-2 決算 (12/31) にあたり、売買目的で所有している株式20株 (簿価1株につき@¥60,000) を1株につき@¥57,000に評価替えした。

借　方	貸　方

20-3 決算 (12/31) にあたり、売買目的で所有している株式20株 (簿価1株につき@¥60,000) を1株につき@¥63,000に評価替えした。

借　方	貸　方

20-4 次の取引について仕訳し、受取利息および未収利息の各勘定の記入をしなさい。

12/31 決算日につき、2ヶ月分の未収利息￥4,000を見越し計上した。また、受取利息勘定の残高を損益勘定に振り替え、各勘定を締め切った。

1/1 未収利息￥4,000を受取利息に振り戻した。

4/30 定期預金の6ヶ月分利息￥12,000を受け取った（当座振込み）。

	借　　方	貸　　方
12/31		
1/1		
4/30		

　　受　取　利　息　　　　　　　　　　　　未　収　利　息
　　　　　　諸　口　　12,000

20-5 次の取引について仕訳し、給料および未払給料の各勘定の記入をしなさい。

12/31 決算日につき、12月16日から31日分の未払給料￥50,000を見越し計上した。また、給料勘定の残高を損益勘定に振り替え、各勘定を締め切った。

1/1 未払給料￥50,000を給料に振り戻した。

4/30 従業員に1月分の給料￥104,000を支払った（当座引落し）。

	借　　方	貸　　方
12/31		
1/1		
1/15		

　　　給　　料　　　　　　　　　　　　　　未　払　給　料
諸　口　　1,260,000

20-6 次の取引について仕訳し、受取地代および前受地代の各勘定の記入をしなさい。

10/1 駐車場を賃貸し、向こう1年分の地代¥108,000を現金で受け取った。
12/31 決算日につき、9ヶ月分の前受地代¥81,000を繰り延べた。また、受取地代勘定の残高を損益勘定に振り替え、各勘定を締め切った。
1/1 前受地代¥81,000を受取地代に振り戻した。

	借 方	貸 方
10/1		
12/31		
1/1		

受 取 地 代

前 受 地 代

20-7 次の取引について仕訳し、支払保険料および前払保険料の各勘定の記入をしなさい。

8/1 営業用車両の保険料の向こう1年分¥96,000を現金で一括払いした。
12/31 決算日につき、7ヶ月分の前払保険料¥56,000を繰り延べた。また、支払保険料勘定の残高を損益勘定に振り替え、各勘定を締め切った。
1/1 前払保険料 ¥56,000を支払保険料に振り戻した。

	借 方	貸 方
8/1		
12/31		
1/1		

支 払 保 険 料

前 払 保 険 料

20-8 次の取引の仕訳を示し、消耗品勘定と消耗品費勘定に記入して締め切りなさい。ただし、各勘定には、日付・相手科目及び金額を記入すること。
12月31日　決算にさいし、消耗品の未使用高¥68,000を計上した。
　〃 日　消耗品の消費高を損益勘定に振り替えた。
1月1日　前期から繰り越した消耗品について、再振替をおこなった。

	借　　方	貸　　方
12/31	消耗品　68,000	消耗品費　68,000
〃	損　益　257,000	消耗品費　257,000
1/1	消耗品費　68,000	消耗品　68,000

消耗品
12/31 消耗品費　68,000

消耗品費
（買入高）　325,000　　12/31 消耗品　68,000
　　　　　　　　　　　　〃　　損　益　257,000

20-9 次の取引について仕訳し、消耗品および消耗品費の各勘定の記入をしなさい。ただし、各勘定には、日付・相手科目及び金額を記入すること。なお、消耗品は、購入時に消耗品勘定を用いて処理している。また定額資金前渡制を採用している。
12/29　小口係より事務用消耗品費¥27,000の支払いの報告を受け、同額を小切手を振り出して補給した。
12/31　決算日につき、消耗品の棚卸しを行ったところ、未消費分は¥3,600であった。また、消耗品費勘定の残高を損益勘定に振り替え、各勘定を締め切った。

	借　　方	貸　　方
12/29	消耗品費　27,000	当座預金　27,000
12/31	消耗品費　110,000　　損　益　137,000	消耗品　110,000　　消耗品費　137,000

消耗品
諸　口　113,600　　12/31 消耗品費　110,000

消耗品費
12/29 当座預金　27,000　　12/31 損　益　137,000
12/31 消耗品　110,000

20-10 福岡商店（会計期間は1月1日～12月31日）の次の決算整理事項によって決算整理仕訳を示し、精算表を完成させなさい。

決算整理事項

(1) 期末商品棚卸高　¥880,000
(2) 貸倒引当金　売掛金残高の2％の貸し倒れを見積もる。差額補充法により処理すること。
(3) 備品減価償却　定額法により減価償却の計算を行い、直接法により記帳している。なお、備品の取得原価は¥2,000,000であり、耐用年数は5年、残存価額は取得原価の10％とする。
(4) 現金過不足の残高は、原因不明につき雑益とする。
(5) 引出金の整理

	借　　方	貸　　方
(1)		
(2)		
(3)		
(4)		
(5)		

精　算　表

勘定科目	残高試算表 借方	残高試算表 貸方	整理記入 借方	整理記入 貸方	損益計算書 借方	損益計算書 貸方	貸借対照表 借方	貸借対照表 貸方
現　　　金	560,000							
当 座 預 金	3,500,000							
売　掛　金	4,000,000							
貸倒引当金		50,000						
繰 越 商 品	780,000							
貸　付　金	1,000,000							
備　　　品	1,280,000							
買　掛　金		2,700,000						
預　り　金		250,000						
前　受　金		270,000						
借　入　金		2,500,000						
資　本　金		5,000,000						
引　出　金	50,000							
売　　　上		45,300,000						
受 取 利 息		50,000						
仕　　　入	29,220,000							
給　　　料	12,300,000							
広　告　費	550,000							
交　通　費	370,000							
通　信　費	210,000							
消 耗 品 費	50,000							
支 払 家 賃	1,800,000							
水道光熱費	270,000							
支 払 利 息	190,000							
現金過不足		10,000						
	56,130,000	56,130,000						
貸倒引当金繰入								
(　　　　)								
雑　　　益								
当期純(　　)								

20-11 次の決算整理事項によって、決算整理仕訳を示し、精算表、貸借対照表および損益計算書を作成しなさい。

決算整理事項

(1) 期末商品棚卸高　¥16,500
(2) 貸倒引当金　期末売掛金の3%（差額補充法）
(3) 備品減価償却高　耐用年数6年　残存価額　取得原価の10%　定額法
(4) 手数料未収高　　　¥　350
(5) 利息前受高　　　　¥　 40
(6) 消耗品未使用高　　¥　450
(7) 保険料前払高　　　¥　300
(8) 家賃未払高　　　　¥1,100

	借　　方	貸　　方
(1)		
(2)		
(3)		
(4)		
(5)		
(6)		
(7)		
(8)		

精　算　表

勘定科目	残高試算表 借方	残高試算表 貸方	整理記入 借方	整理記入 貸方	損益計算書 借方	損益計算書 貸方	貸借対照表 借方	貸借対照表 貸方
現　　　　金	1,360							
当 座 預 金	4,860							
売　掛　金	32,700							
貸 倒 引 当 金		260						
貸　付　金	3,500							
繰 越 商 品	18,400							
備　　　　品	6,000							
減価償却累計額		1,350						
支 払 手 形		19,000						
買　掛　金		11,550						
借　入　金		5,000						
資　本　金		35,000						
売　　　　上		296,000						
受 取 手 数 料		2,650						
受 取 利 息		180						
仕　　　　入	265,900							
給　　　　料	28,000							
消 耗 品 費	2,950							
支 払 保 険 料	600							
支 払 家 賃	6,000							
雑　　　　費	550							
支 払 利 息	170							

貸借対照表
平成〇年12月31日

資　　　産	金　　額	負債および資本	金　　額
現　　　　　金		支　払　手　形	
当　座　預　金		買　　掛　　金	
売　掛　金（　　　）		（　　　　　）	
（　　　）（　　　）		（　　　　　）	
商　　　　　品		借　　入　　金	
（　　　）		資　　本　　金	
貸　付　金			
（　　　　）			
（　　　　）			
備　　品（　　　）			
（　　　）（　　　）			
（　　　　）			

損益計算書
平成〇年1月1日から平成〇年12月31日

費　　　用	金　　額	収　　　益	金　　額
（　　　　　）		売　　上　　高	
給　　　　　料		受　取　手　数　料	
（　　　　　）		受　取　利　息	
支　払　保　険　料		（　　　　　）	
支　払　家　賃			
貸　倒　引　当　金　繰　入			
（　　　　　）			
雑　　　　　費			
支　払　利　息			

第21章　帳簿組織

21－1　福岡商店の×5年の11月の取引は次のとおりであった。それぞれの日付の取引について、記入される補助簿に○印を付しなさい。

11月5日　山口商店より本棚12台を¥1,776,000で仕入れ、代金は、岡山商店振り出し、当店受取りの約束手形¥1,000,000を裏書譲渡し、残高は小切手を振り出して支払った。

12日　名古屋商店に、本棚5台を¥1,000,000で売り渡し、代金のうち¥300,000は、名古屋商店振り出し、岐阜商店引き受けの為替手形で受け取り、残高は掛けとした。

14日　熊本商店から本棚10台を¥1,500,000で受け取り、代金は、名古屋商店に呈示し、引き受けを得た為替手形¥700,000を振り出し、残高は掛とした。

28日　熊本商店から受け入れていた本棚1台が¥12,000の値引きを受けた。なお、値引きは掛代金より控除した。

29日　東京商店へ本棚8台¥1,600,000を売り渡し、代金は当店振り出し、栃木商店受取りの約束手形¥500,000を裏書譲渡され、残額は小切手で受け取った。

30日　不用になった備品（取得原価¥500,000　減価償却累計額¥270,000）を大分商店に売り渡し、代金として、同店振り出しの小切手¥110,000と当店振り出しの小切手¥100,000を受け取った。

	現金出納帳	当座預金出納帳	仕入帳	売上帳	商品有高帳	受取手形記入帳	支払手形記入帳	得意先元帳（売掛金元帳）	仕入先元帳（買掛金元帳）
11/5		○	○		○	○			
12				○	○	○		○	
14			○		○			○	○
28			○						○
29	○			○	○		○		
30	○	○							

第22章 伝　票

22－1　大島商店の次の取引を入金伝票・出金伝票・振替伝票に記入しなさい。

　1月9日　商品売買の仲介を行い、佐渡商店から、手数料￥50,000を現金で受け取った。（伝票番号No.1）

　〃日　三宅商店から貸付金の一部￥100,000を小切手で受け取り、ただちに、当座預金とした。（伝票No.1）

　〃日　現金￥70,000を第一銀行の当座預金に預け入れた。（伝票番号No.1）

　〃日　出張中の店員大野三郎から、内容不明の￥200,000が当座預金に振り込まれた。（伝票番号No.2）

入　金　伝　票			
平成○年　月　日　No.			
科目		入金先	殿
摘　　要		金　額	
合　計			

出　金　伝　票			
平成○年　月　日　No.			
科目		支払先	殿
摘　　要		金　額	
合　計			

振　替　伝　票			
平成○年　月　日　No.			
勘 定 科 目	金　額	勘 定 科 目	金　額
合　計		合　計	
摘要			

振　替　伝　票			
平成○年　月　日　No.			
勘 定 科 目	金　額	勘 定 科 目	金　額
合　計		合　計	
摘要			

22−2 次の取引の伝票を作成しなさい。

ただし、
i 伝票は、入金伝票・出金伝票・振替伝票・仕入伝票・売上伝票を用いている。
ii 仕入・売上の各取引については、代金の決済の条件にかかわらず、すべて、いったん掛け取引として処理する方法によっている。
iii 伝票番号は伝票の種類別にNo.1、No.2………とする。

取 引

10月7日 宝塚商店に次の商品を売り渡し、代金のうち¥70,000は同店振り出しの小切手#101で受け取り、残額は掛けとした。

A品　　500個　　@¥350　　¥175,000

8日 大津商店から次の商品を仕入れ、代金のうち¥100,000は当店振り出しの約束手形#35で支払い、残額は掛けとした。

B品　　300個　　@¥430　　¥129,000

26日 大津商店の買掛金¥29,000を現金で支払った。

入　金　伝　票			
平成○年　月　日　　No.			
科目		入金先	殿
摘　　要		金　　額	
合　　計			

出　金　伝　票			
平成○年　月　日　　No.			
科目		支払先	殿
摘　　要		金　　額	
合　　計			

仕　入　伝　票					
平成○年　月　日　　　　　No.					
品　　名	数量	単　価	金　額	摘　要	
合　　計					

売　上　伝　票					
平成○年　月　日　　　　　No.					
品　　名	数量	単　価	金　額	摘　要	
合　　計					

振　替　伝　票				
平成○年　月　日　　　　　No.				
勘定科目	金　額	勘定科目	金　額	
合　　計		合　　計		

22-3 次の伝票に基づいて、仕訳を示しなさい。

売　上　伝　票
平成○年10月4日
大分商店（掛）　　　　　　76,000

入　金　伝　票
平成○年10月6日
大分商店（掛）　　　　　　40,000

	借　　方	貸　　方
10/4		
10/6		

22-4 平成○年6月4日に商品￥160,000を仕入れ、代金のうち￥40,000は現金で支払い、残額は掛とした。この取引については、(1)と(2)の2つの起票の方法があるが、それぞれの（　）に適当な語または金額を記入しなさい。

(1)

（　　）伝　票
平成○年6月4日
仕　　入　　　40,000

（　　）伝　票			
平成○年6月4日			
借方科目	金　額	貸方科目	金　額
(　　)	(　　)	(　　)	(　　)

(2)

（　　）伝　票
平成○年6月4日
（　　）　（　　）

（　　）伝　票			
平成○年6月4日			
借方科目	金　額	貸方科目	金　額
(　　)	160,000	買　掛　金	160,000

22-5 商品を￥200,000で売り上げ、代金のうち￥60,000を現金で受け取り、残額を掛とした取引について、入金伝票を(1)のように作成した場合と(2)のように作成した場合のそれぞれについて、解答用紙の振替伝票の記入を示しなさい。

(1)

入　金　伝　票
売　　上　　　　60,000

(2)

入　金　伝　票
売　掛　金　　　60,000

(1)

振　替　伝　票			
借方科目	金　額	貸方科目	金　額

(2)

振　替　伝　票			
借方科目	金　額	貸方科目	金　額

総合問題（5）

総5－1　次の期末整理事項によって答案用紙の精算表を作成しなさい。ただし、会計期間は平成○年4月1日から翌平成△年3月31日までの1年である。

(1) 商品の期末棚卸高は¥82,000であった。なお、売上原価は「仕入」の行で計算すること。

(2) 仮払金は、当期に備品を発注したさいに購入代金の一部を頭金として支払ったものである。なお、この備品¥40,000は平成○年10月1日に引渡しを受け、すでに使用を始めているが、代金の残額を来月末に支払うこととなっているため、未記帳となっている。

(3) 平成△年3月31日に、得意先から注文を受け、手付金¥25,000が当座預金に振り込まれていたが、その処理がなされていなかった。

(4) 受取手形および売掛金の期末残高に対して、実績率2％の貸倒引当金を設定する。差額を補充する方法により行うこと。

(5) 売買目的有価証券の期末の時価は、¥225,600であった。決算日につき評価替えを行う。

(6) 備品および建物について、定額法により減価償却を行う。残存価額は取得原価の10％とし、また、耐用年数は備品が6年、建物が24年とする。ただし、平成○年10月1日に購入した備品についても減価償却を行うが、条件は同じで、月割計算とする。

(7) 家賃は平成△年2月1日に向こう6か月分を一括して受け取ったものであり、未経過分は繰り延べる。

(8) 借入金の利息につき、未払分を見越し計上する。借入れの条件は、利率:年4％、利払い：各年5月末日、返済期日：平成△年5月31日である。

精　算　表

平成△年3月31日

勘定科目	残高試算表 借方	残高試算表 貸方	修正記入 借方	修正記入 貸方	損益計算書 借方	損益計算書 貸方	貸借対照表 借方	貸借対照表 貸方
現　　　金	214,000							
当 座 預 金	318,000							
受 取 手 形	126,000							
売　掛　金	274,000							
仮　払　金	8,000							
売買目的有価証券	228,000							
繰 越 商 品	119,000							
建　　　物	600,000							
備　　　品	90,000							
支 払 手 形		176,000						
買　掛　金		138,000						
借　入　金		180,000						
貸 倒 引 当 金		2,000						
建物減価償却累計額		112,500						
備品減価償却累計額		40,500						
資　本　金		1,000,000						
売　　　上		1,406,000						
受 取 手 数 料		21,000						
受 取 家 賃		48,000						
仕　　　入	859,000							
給　　　料	196,000							
旅 費 交 通 費	51,000							
修　繕　費	39,000							
支 払 利 息	2,000							
	3,124,000	3,124,000						
未　払　金								
前　受　金								
貸倒引当金繰入								
有価証券評価損								
減 価 償 却 費								
前 受 家 賃								
未 払 利 息								
当 期 純 利 益								

総5-2 次の決算整理事項の仕訳を示し、精算表の空欄に当てはまる語句または金額を記入して、精算表を完成しなさい。ただし、売上原価の計算については、精算表の「売上原価」の行で行うこと。なお、決算日現在、決算整理事項のほかに、次の未記帳事項があった。

(1) 得意先から受け取っていた約束手形￥78,000を取引銀行で割引き、割引料￥1,200を差し引かれ、残額を当座預金に預け入れていたが、その処理が未記帳であった。

(2) 受取手形および売掛金の期末残高に対して3％の貸倒れを見積もる（差額補充法による）。

(3) 所有する有価証券について配当金領収証￥25,200を受け取っていたが、その処理がされていなかった。

(4) 決算直前に備品（取得原価：￥360,000、減価償却累計額：￥270,000、当期分の減価償却費：￥54,000）を￥39,600で売却し、代金は来月末に受け取ることになっているが、この処理が未記帳であった。

(5) 仮払金はすべて従業員の出張にあたって概算払いした旅費であるが、すでに従業員が帰社し、残金￥4,800を現金で受け取っていたが、この処理が未記帳となっていた。

(6) 売上原価の行で、売上原価を計算するための仕訳を示しなさい。

	借 方	貸 方
(1)		
(2)		
(3)		
(4)		
(5)		
(6)		

精　算　表

勘定科目	残高試算表 借方	残高試算表 貸方	修正記入 借方	修正記入 貸方	損益計算書 借方	損益計算書 貸方	貸借対照表 借方	貸借対照表 貸方
現　　　　金							151,000	
当 座 預 金	947,600							
受 取 手 形	349,200							
売 掛 金	328,800							
売買目的有価証券							972,000	
繰 越 商 品	71,400			71,400			61,200	
未 収 金	25,200							
仮 払 金	96,000							
貸 付 金	600,000						600,000	
建　　　　物	1,800,000						1,800,000	
備　　　　品	960,000							
支 払 手 形		216,000						216,000
買 掛 金		223,200						223,200
貸 倒 引 当 金		9,600						
建物減価償却累計額		594,000						648,000
備品減価償却累計額		486,000	270,000					
資 本 金		3,600,000						3,600,000
売　　　　上								
受 取 家 賃		216,000				172,800		
受 取 利 息		18,000						
受 取 配 当 金		55,200						
仕　　　　入	7,122,400							
給　　　　料	654,800				654,800			
支 払 地 代	330,000		30,000					
旅 費 交 通 費					229,200			
水 道 光 熱 費	115,200							
保 険 料	129,600							
消 耗 品 費	43,200							
手 形 売 却 損	21,600							
	14,790,000	14,790,000						
売 上 原 価								
貸倒引当金繰入								
有価証券評価損				36,000				
減 価 償 却 費				216,000				
消 耗 品			6,000					
(　　) 地 代								
(　　) 家 賃				43,200				
(　　) 保 険 料							28,800	
未 払 利 息							12,000	
固定資産売却(　)								
当 期 純 利 益								
			8,144,200	8,144,200				

91

総5－3 次の(1)残高試算表と(2)決算整理事項等にもとづいて、貸借対照表と損益計算書を完成しなさい。なお、当期の会計期間は、平成○年1月1日から12月31日までの1年である。

(1) 残高試算表

残 高 試 算 表
平成○年12月31日　　（単位：円）

借　方	勘定科目	貸　方
165,400	現　　　　　　金	
334,000	当　座　預　金	
126,000	受　取　手　形	
264,000	売　　掛　　金	
60,000	仮　　払　　金	
372,000	売買目的有価証券	
39,000	繰　越　商　品	
360,000	貸　　付　　金	
864,000	建　　　　　　物	
50,000	備　　　　　　品	
	支　払　手　形	168,200
	買　　掛　　金	284,000
	仮　　受　　金	64,000
	貸　倒　引　当　金	2,800
	建物減価償却累計額	162,000
	備品減価償却累計額	10,000
	資　　本　　金	1,500,000
	売　　　　　　上	3,768,000
	受　取　地　代	158,000
	受　取　配　当　金	24,000
2,896,400	仕　　　　　　入	
292,000	給　　　　　　料	
155,800	旅　費　交　通　費	
59,200	水　道　光　熱　費	
38,000	支　払　保　険　料	
32,000	通　　信　　費	
18,000	支　払　手　数　料	
15,200	消　耗　品　費	
6,141,000		6,141,000

(2) 決算整理事項

1．仮受金のうち¥24,000は、注文を受けた際の手付金であり、残額は売掛金の回収であることがわかった。
2．12月31日に従業員が帰宅し、旅費の残金として¥3,000を現金で受け取っていたが、未記帳である。
3．決算直前に掛けで仕入れた商品のうち、一部¥2,400に品違いがあったため返品した。
4．売買目的有価証券の時価は¥357,500である。時価法により評価替えを行う。
5．上記2の返品処理後の期末商品棚卸高は¥41,000である。
6．受取手形および売掛金の期末残高に対して、それぞれ4％の貸倒引当金を差額補充法により設定する。
7．建物について、残存価額を取得原価の10％、耐用年数を24年とする定額法によって減価償却を行う。
8．備品について、残存価額をゼロ、耐用年数を5年とする定額法によって減価償却を行う。
9．貸付金¥360,000についての、利息の未収分が¥2,400ある。
10．保険料は、全額建物に対する火災保険料で、毎年同額を9月1日に12か月分として支払っている。
11．地代の前受分は¥26,600である。
12．消耗品の期末未消費高は¥4,400である。

貸　借　対　照　表

熊本商店　　　　平成○年12月31日

資　産	金　額	負債および純資産	金　額
現　　　　金	(　　　　)	支 払 手 形	(　　　　)
当 座 預 金	(　　　　)	買　掛　金	(　　　　)
受 取 手 形	(　　) (　　)	(　　　　)	(　　　　)
売　掛　金	(　　) (　　)	前 受 収 益	(　　　　)
(　　　　)	(　　) (　　)	借　入　金	(　　　　)
売買目的有価証券	(　　　　)	当期純(　　)	(　　　　)
商　　　　品	(　　　　)		
消　耗　品	(　　　　)		
前 払 費 用	(　　　　)		
未 収 収 益	(　　　　)		
貸　付　金	(　　　　)		
建　　　　物	(　　)		
(　　　　)	(　　) (　　)		
備　　　　品	(　　)		
(　　　　)	(　　) (　　)		
	(　　　　)		(　　　　)

損　益　計　算　書

熊本商店　　　　平成○年1月1日から平成○年12月31日まで

費　用	金　額	収　益	金　額
売 上 原 価	(　　　　)	売　上　高	(　　　　)
給　　　　料	(　　　　)	受 取 地 代	(　　　　)
貸倒引当金繰入	(　　　　)	(　　　　)	(　　　　)
減 価 償 却 費	(　　　　)	受 取 配 当 金	(　　　　)
旅 費 交 通 費	(　　　　)		
水 道 光 熱 費	(　　　　)		
支 払 保 険 料	(　　　　)		
通　信　費	(　　　　)		
支 払 手 数 料	(　　　　)		
消 耗 品 費	(　　　　)		
有価証券評価(　　)	(　　　　)		
(　　　　)	(　　　　)		
	(　　　　)		(　　　　)

総5－4 次の各取引について問いに答えなさい。ただし、答案用紙の（　　）の中には、勘定科目名を、□の中には、金額を記入しなさい。不要な（　　）および□には「―」を記入すること。なお、商品売買の記帳は3分法による。

(1) 商品￥60,000を売上げ、代金のうち￥20,000は現金で受け取り、残額は掛とした。
　① 3伝票制（入金伝票・出金伝票・振替伝票）を採用している場合、答案用紙の出金伝票と振替伝票への記入を行いなさい。
　② 5伝票制（入金伝票・出金伝票・振替伝票・仕入伝票・売上伝票）を採用している場合、答案用紙の出金伝票と仕入伝票への記入を行いなさい。

(2) 備品（取得原価￥560,000、減価償却累計額￥168,000）を￥300,000で売却し、現金を受取った。答案用紙の入金伝票と振替伝票への記入を行いなさい。

(3) 過日、出張のため従業員に、旅費の概算額として￥60,000を渡していたが、本日従業員が帰社し、￥3,200を現金で受取った。

(1) ①

入　金　伝　票
（　　　　）

振　替　伝　票
（　　　）　40,000　（　　　）　40,000

(1) ②

入　金　伝　票
（　　　　）

売　上　伝　票
売　掛　金　　　60,000

(2)

入　金　伝　票
備　　品

振　替　伝　票
減価償却累計額　　　　（　　　）　260,000
（　　　）　　　　　（　　　）

(3)

入　金　伝　票
（　　　　）

振　替　伝　票
（　　　）　　　　仮　払　金　260,000

総5-5 彦根商店で1月5日に起票された伝票は、次のとおりであった。仕訳集計表を作成し、総勘定元帳の現金・売掛金・売上・営業費の各勘定に転記しなさい。
ただし、各勘定は、日付と金額を記入すればよい。なお、各伝票は略式で示した。

入金伝票	出金伝票	売上伝票
売掛金 30,000	買掛金 48,000	豊中商店 97,000

入金伝票	出金伝票	売上伝票
売掛金 25,000	営業費 2,500	有馬商店 26,000

仕入伝票	振替伝票(借方)	振替伝票(貸方)
大垣商店 108,000	営業費 10,000	当座預金 10,000

仕訳集計表
平成○年1月5日

借方	元丁	勘定科目	貸方
55,000	1	現　　金	50,500
		当座預金	10,000
123,000	4	売　掛　金	55,000
48,000		買　掛　金	108,000
	20	売　　上	123,000
108,000		仕　　入	
12,500	30	営　業　費	
346,500			346,500

総勘定元帳

現　金　1

1/1 前期繰越	50,000	1/5	50,500
1/5	55,000		

売　掛　金　4

1/1 前期繰越	306,000	1/5	55,000
1/5	123,000		

売　上　20

		1/5	123,000

営　業　費　30

1/5	12,500		

＜参考図書＞

木戸田 力　『会計測定の方法と構造 ― 複式簿記システム概説 ―』創成社［1999］

木戸田 力 編，岸川 公紀 著　『複式簿記基礎演習』創成社［2000］

実教出版編集部　『平成25年度版日商簿記検定模擬試験問題集3級』実教出版［2013］

渡部 裕亘，片山 覚，北村 敬子　『検定簿記講義＜平成25年度版＞［3級／商業簿記］』
　　　　　　　　　　　　　　　　中央経済社［2013］

渡部 裕亘，片山 覚，北村 敬子　『検定簿記ワークブック［3級／商業簿記］』中央経済社［2013］

日野 修造 編著，岸川 公紀，石橋 慶一，山口 義勝，
洪 慈乙，江頭 彰，木戸田 力，緒方 俊光，仁田原 泰子　『簿記会計入門』五絃舎［2013］

著者紹介（＊は編者）

岸川 公紀＊（きしかわ こうき）
　中村学園大学短期大学部キャリア開発学科准教授・修士（経済学）

日野 修造（ひの しゅうぞう）
　中村学園大学流通科学部教授・博士（商学）

演習簿記会計入門

2014年4月2日　　初版発行

　編著者：岸川公紀
　発行者：長谷雅春
　発行所：株式会社五絃舎
　　　　　〒173-0025
　　　　　東京都板橋区熊野町46-7-402
　　　　　TEL・FAX：03-3957-5587
　組　版：Office Five Strings
　印刷・製本：モリモト印刷
　　Printed in Japan ⓒ 2014
　　ISBN978-4-86434-034-2